Aram I. Keshishian

Die Armenische Kirche

Edition Cardo 200

Aram I. Keshishian
Katholikos von Kilikien

Die Armenische Kirche

Eine Einführung in das armenische Christentum

aus dem Englischen ins Deutsche übersetzt von
Renate Sbeghen

überarbeitet von
Abel H. Manoukian

Paulinus

Edition Cardo

begründet von Wilhelm Nyssen (†)
fortgeführt von Michael Schneider SJ
herausgegeben von
Thomas Kremer, Johannes Kienemund und
Michael Proházka OPraem

Band 200

Schriftenreihe des
Patristischen Zentrums
Koinonia-Oriens e. V.

Titelbild: Kathedrale des hl. Gregors des Erleuchters und Gedenkstätte für die Opfer des armenischen Genozids in Antelias / Libanon, dem Sitz des Katholikossats des Großen Hauses von Kilikien

Englische Originalausgabe: Aram I Catholicos of Cilicia,
The Armenian Church. An Introduction to Armenian Christianity,
Antelias / Lebanon 2017.

Gesamtherstellung: Paulinus Verlag GmbH, Trier
ISBN 978-3-7902-1710-0

In Erinnerung an die anderthalb Millionen Opfer
des armenischen Völkermordes,
die am 23. April 2015 heiliggesprochen wurden.

Inhaltsverzeichnis

Seine Heiligkeit Aram I. Keshishian

Katholikos des Großen Hauses von Kilikien

Vorwort

Warum dieses Buch? Monographien und Aufsätze, die sich mit Einzelaspekten, besonderen Ereignissen oder wichtigen Persönlichkeiten der Armenischen Kirche befassen, stehen reichlich zur Verfügung, aber Studien, die ein umfassendes Bild der Armenischen Kirche geben, gibt es relativ selten.

Die Armenische Kirche ist in den letzten fünfzig Jahren durch ihr Engagement in der weltweiten ökumenischen Bewegung international in Erscheinung getreten, unter anderem durch ihre Interaktion mit neuen kulturellen und sozialen Strömungen sowie durch die weltweite armenische Diaspora, ihre Feier des 1700. Jahrestages der offiziellen Bekehrung Armeniens zum Christentum (2001) als auch die Gedenkfeier anlässlich des 100. Jahrestages des armenischen Genozids (2015). Und doch ist sie im Westen, selbst unter der armenischen Jugend, wenig bekannt. Aus diesem Grund fühlte ich mich herausgefordert, dieses Buch zu schreiben.

Es ist weder meine Absicht, die Geschichte, Theologie, Liturgie oder Mission der Armenischen Kirche allumfassend vorzustellen, noch beabsichtige ich, wichtige Ereignisse und bedeutende Aspekte ihres Lebens, Denkens und Zeugnisses einer genauen Prüfung zu unterziehen. Vielmehr werde ich jene besonderen Merkmale der Armenischen Kirche hervorheben, die ihre Identität sichern und ihre besondere Mission im Weltchristentum allgemein und im Leben des armenischen Volkes vornehmlich aufzeigen. Daher ist dieses Buch als eine Einführung in das armenische Christentum gedacht; als solches bietet es einen Überblick über Geschichte, Glauben und Zeugnis der Armenischen Kirche und stellt eine Vision für die Zukunft vor.

Dieses Buch ist an alle gerichtet, die gerne mehr über die Geschichte und die derzeitige Situation der Armenischen Kirche lernen wollen. Es ist mehr deskriptiv als analytisch, und das bedingt seinen Umfang und Stil. Jedes Kapitel konzentriert sich auf einen typischen Aspekt der Armenischen Kirche. Um es dem Leser einfacher zu machen, habe ich das Buch nicht mit Fußnoten und Anmerkungen belastet, sondern Anhänge hinzugefügt, die zusätzliche Informationen und aufklärende Erläuterungen von besonderer Wichtigkeit bieten. Ich habe auch eine Auswahlbibliographie zur weiteren Lektüre beigefügt. Um die armenischen Eigennamen und Schlüsselworte in das lateinische Alphabet zu transkribieren, habe ich das Transliterationssystem der »Library of Congress« verwendet.

Für die freundliche Übersetzung des vorliegenden Bandes aus dem Englischen ins Deutsche möchte ich Renate Sbeghen meinen aufrichtigen Dank aussprechen. Als Mitglied des Ausschusses des Rates für Glauben und Kirchenverfassung hat sie viele Jahre lang einen wesentlichen Beitrag zur Arbeit des Ökumenischen Rates der Kirchen geleistet.

Ein spezieller Dank gilt P. Dr. Abel Manoukian, der die deutsche Originalübersetzung des vorliegenden Buches gründlich durchgelesen, überarbeitet und die notwendigen Klarstellungen und Korrekturen vorgenommen hat.

Schließlich möchte ich dem Paulinus-Verlag für die freundliche Herausgabe dieses Bandes meinen herzlichen Dank aussprechen. Der erwähnte Verlag nimmt mit seinen einzigartigen Publikationen einen wichtigen Platz in der Verlagslandschaft Europas ein.

Mit der vorliegenden Publikation erwarte ich, dass die im deutschsprachigen Raum lebenden Mitglieder der Armenischen Apostolischen Kirche und vor allem junge Menschen die Vergangenheit und Gegenwart ihrer Kirche ausführlich kennenlernen werden.

Ich wünsche mir auch, dass das deutsche Volk, das seit Langem freundschaftliche Beziehungen zur Armenischen Kirche und zum armenischen Volk pflegt, sowie die deutschsprachigen Gemeinden in der Schweiz, Österreich und anderen Ländern, Religionslehrer

und Studenten den Platz und die Rolle der Armenischen Kirche in der christlichen Welt noch mehr erkennen.

Aram I.
Katholikos von Kilikien

3. Dezember 2021
Am Fest der Gründer der Armenischen Apostolischen Kirche, der heiligen Apostel Thaddäus und Bartholomäus

Einleitung

Zu Beginn dieses Buches ist es wichtig, folgende Themen anzuschneiden: die Stellung der Armenischen Kirche im Weltchristentum, die Namen und Titel, die für die Armenische Kirche verwendet werden, sowie die weltweite Verbreitung der Armenischen Kirche und des armenischen Volkes.

A. Aufgrund historischer, politischer und lehrmäßiger Faktoren und Auseinandersetzungen wurde die Kirche im Laufe der Zeit in verschiedene Familien gespalten. Obwohl die Kirche ihre Einheit im Wesentlichen bewahrt hat, kam es aufgrund von Lehre, Kultur, Ethnizität, Geschichte und Geographie zu einer Aufspaltung; die Identitäten der verschiedenen Kirchen wurden durch diese Phänomene geformt. Sie entwickelten ihr eigenes theologisches Denken und ihre eigenen liturgischen Traditionen, sodass drei größere Kirchenfamilien oder Gruppen entstanden: Orthodoxe, Katholiken und Protestanten.

1. Die orthodoxe Gruppe besteht aus zwei Familien: den *orientalisch-orthodoxen Kirchen* und den *östlich-orthodoxen Kirchen*. Diese Familien werden auch als nicht-chalcedonensische und chalcedonensische Kirchen bezeichnet oder fälschlicherweise als monophysitische und dyophysitische Kirchen, wie wir später noch sehen werden. Die orientalisch-orthodoxe Familie schließt die armenische, die koptische, die syrische, die äthiopische, die indisch-malabarische und die eritreische Kirche ein. Sie alle sind autokephale Kirchen. Obwohl sie eine große Vielfalt an kulturellen und liturgischen Unterschieden aufweisen, bekennen sie denselben Glauben, teilen gemeinsame Lehren und sind in voller sakramentaler Gemeinschaft miteinander.

Die östlich-orthodoxe Familie umfasst vier Gruppen. Die erste Gruppe setzt sich aus den vier alten Patriarchaten zusammen, die historisch unter den lokalen orthodoxen Kirchen, die derselben Familie angehören, einen besonderen Platz einnehmen. Es sind

das Patriarchat von Alexandrien, das Patriarchat von Antiochien, das Patriarchat von Jerusalem und das Ökumenische Patriarchat von Konstantinopel, das die Stellung eines Ehrenprimats in der östlich-orthodoxen Familie einnimmt. Die zweite Gruppe besteht aus den fünf Patriarchaten späteren Ursprungs: Russland, Serbien, Rumänien, Bulgarien und Georgien. Die dritte Gruppe bilden die anderen autokephalen Kirchen von Zypern, Griechenland, Polen, Albanien, der tschechischen Länder und der Slowakei sowie jüngst auch der Ukraine. Die vierte Gruppe umfasst die autonomen, aber nicht unabhängigen Kirchen des Sinai, von Finnland, Japan und China. Obwohl die orientalisch-orthodoxen und östlich-orthodoxen Familien viele liturgische Traditionen und theologische Lehren miteinander teilen, stehen sie untereinander nicht in eucharistischer Gemeinschaft. Hauptgrund für diese Trennung ist das Konzil von Chalcedon (451), das Vierte Ökumenische Konzil, das von den orientalisch-orthodoxen Kirchen abgelehnt wurde.

2. Die katholische Kirche bildet organisch eine Einheit, die aus vielen Partikularkirchen mit unterschiedlichen Riten besteht, welche in Gemeinschaft mit dem Papst stehen und seine jurisdiktionale Autorität und seinen Primat anerkennen. Die katholischen Ostkirchen, auch katholische Kirchen des östlichen Ritus oder unierte Kirchen genannt, nehmen einen besonderen Platz innerhalb der katholischen Kirche ein. Die Trennung zwischen der katholischen und orthodoxen Kirche, die in der Kirchengeschichte als das Große Schisma bekannt ist, erfolgte 1054. Der Anspruch der katholischen Kirche auf die Stellung des Papstes als Nachfolger Petri und die ekklesiologische und jurisdiktionelle Auslegung und Interpretation des Petrusamtes gelten als wichtige Gründe für die Trennung zwischen der katholischen Kirche und anderen Kirchen.

3. Kirchen, die zur protestantischen Tradition gehören, sind zahlreich und unterscheiden sich in Liturgie, Theologie und Hierarchie. Allgemein wird die Bibel von diesen Kirchen als die einzige Quelle der Autorität und die Lehre der Bibel als das Zentrum der Liturgie angesehen. Aufgrund ihrer vielen Affinitäten in der Theologie und den liturgischen Traditionen dieser Kirchen bezeichnet man die anglikanische Kirche (Episkopalkirche in den

Vereinigten Staaten) als »Brücken«-Kirche zwischen der katholischen und den protestantischen Kirchen.[1]

B. Die Armenische Kirche ist unter einer Reihe von verschiedenen Namen bekannt: (a) *Hayastaneac' Ekełec'i*,[2] der ursprüngliche Name, der für die Armenische Kirche benutzt wird, bedeutet entweder die »Kirche des Volkes, das in Armenien lebt«, oder einfach die »Kirche von Armenien«; (b) *Heilige, Apostolische, Katholische, Orthodoxe Armenische Kirche* (*Hayastaneayc' Aṙak'elakan, Ǝndhanrakan ew Ułap'aṙ Ekełec'i*). Dieser Titel nimmt die grundlegenden Merkmale der Kirche auf und wird bei offiziellen Anlässen benutzt; (c) *Armenische Gregorianische Kirche (Hay Lusaworč'akan Ekełec'i)* wurde hauptsächlich von der Armenisch-Katholischen Kirche benutzt, um die Apostolizität der Armenisch-Orthodoxen Kirche infrage zu stellen. Dieselbe Bezeichnung wurde auch von den Gläubigen der Armenischen Kirche benutzt, um die Schlüsselrolle des heiligen Gregors des Erleuchters bei der Christianisierung von Armenien zu betonen; (d) *Armenisch-Apostolische Kirche (Hay Aṙak'elakan Ekełec'i)* wird gewöhnlich gebraucht, um den apostolischen Ursprung der Armenischen Kirche zu betonen; (e) *Armenische Kirche (Hay Ekełec'i)* oder *Kirche der Armenier (Hayoc' Ekełec'i)* werden allgemein von den Armeniern in ihrem Alltagsleben verwendet; (f) *Armenische Orthodoxe Kirche (Hay Ułap'aṙ Ekełec'i)* wird hauptsächlich im Rahmen der zwischenkirchlichen Beziehungen und der ökumenischen Bewegung benutzt, um die Stellung der Armenischen Kirche in der breiteren orthodoxen Tradition im Allgemeinen und in der orientalisch-orthodoxen Familie im Besonderen zu bestimmen.

Diese Bezeichnungen, die zu verschiedenen Zeiten und in unterschiedlichen Kontexten benutzt wurden, rufen bisweilen Verwirrung hervor. Unter Berücksichtigung der weltweiten Diaspora der Armenischen Kirche schlage ich vor, den Terminus *Armenische*

[1] Siehe *Anhang A* für die wichtigsten Spaltungen des Christentums.

[2] Siehe *Anhang B* für die Transliteration des Armenischen.

Kirche (Hay Ekełec'i) zu benutzen, um die Kirche der Armenier zu bezeichnen, wo immer sie sich auch aufhalten, und weiterhin den Begriff *Armenische Orthodoxe Kirche* im Kontext zwischenkirchlicher Beziehungen und der ökumenischen Bewegung zu verwenden.

C. Zusätzlich zu den kulturellen und ethnischen Faktoren zeichnet sich die Kirche auch durch ihre konkrete geographische Lage aus. Armenien ist der Ort, an dem der christliche Glaube zuerst verkündigt, die Armenische Kirche gegründet und ursprünglich als die Kirche von Armenien anerkannt wurde. Wegen seiner Lage wurde Armenien immer wieder von anderen überfallen. Da sich diese Situation nicht verbesserte, verließen mit der Zeit immer mehr Menschen das Land, bis schließlich die Diaspora eine permanente Realität in der Geschichte des armenischen Volkes wurde. Im 10. Jahrhundert fand die erste große Migration nach Kilikien statt. Darauf folgten in den nächsten 1000 Jahren drei weitere Migrationsbewegungen – zuerst durch den Fall des armenischen Königreiches von Kilikien 1375, dann 1638 durch die Aufteilung Armeniens zwischen dem Osmanischen und dem Persischen Reich und schließlich 1915 durch den Völkermord an den Armeniern. Ironischerweise brachte die Unabhängigkeit Armeniens 1991 eine erneute Migrationswelle mit sich, die vor allem wirtschaftliche Gründe hatte. Wie bei allen Kirchen änderte sich das territoriale Verständnis der Lokalkirche mit der zunehmenden Migration und Globalisierung, und statt der »Kirche von Armenien«, einer lokalen Einheit, ist die Armenische Kirche nun die »Kirche der Armenier«, eine weltweite Realität.

Gegenwärtig leben über zehn Millionen Armenier in der Welt; etwa 95 % von ihnen gehören zur Armenischen Kirche. Die übrigen sind Mitglieder der Armenisch-Katholischen und der Armenisch-Evangelischen Kirchen. Die meisten Armenier leben in der Diaspora, die aus historisch etablierten Gemeinschaften besteht, den Nachkommen der Überlebenden des armenischen Völkermordes und den jüngsten Einwanderern aus Armenien. Die armenische Diaspora schwankt aufgrund kontinuierlicher Migration und neu entstehender Gemeinschaften, aber die Mehrheit der Armenier lebt im Nahen Osten, in Ost- und Westeuropa sowie in Nord- und Südamerika.

Das Kloster zum Heiligen Kreuz auf der Insel Ałt'amar im Vansee, erbaut durch den Architekten Manuel im Auftrag von König Gagik Arjruni, vollendet im Jahr 921.

I. Eine lange Geschichte in Kürze

Seit ihrer Gründung und Institutionalisierung hat die Armenische Kirche alle Bereiche, Aspekte und Dimensionen des armenischen Lebens durchdrungen; ihr Leben, Denken und Zeugnis sind dabei durch die Umstände und Entwicklungen in der Geschichte des armenischen Volkes stark beeinflusst worden. Um die Armenische Kirche besser verstehen zu können, müssen wir deshalb einige der markanten Ereignisse und wichtigen Aspekte der armenischen Geschichte berücksichtigen.

Als Nachkommen eines Zweiges der Indoeuropäer nennen sich die Armenier *hay* (Armenier) und ihr Heimatland *Hayastan* (Armenien). Die Urspünge des armenischen Volkes gehen zurück bis ins 2. Jahrtausend vor Christus. Gemäß armenischer Tradition gilt der in Babylon lebende Haik *(Hayk)* als Urvater des armenischen Volkes. Bēl, der tyrannische Herrscher von Babylon, befahl Haik, seine Souveränität anzuerkennen, was Haik ablehnte. In einem erbitterten Kampf tötete er Bēl und zog dann mit seinem Volk in eine Region nahe dem Ararat, die später Armenien genannt wurde. Aufgrund seiner geographischen Lage sollte Armenien im Laufe seiner Geschichte zu einem Schlachtfeld werden. Griechen, Römer und Byzantiner im Westen sowie Perser, Araber und Türken im Osten waren ständig bestrebt, Armenien politisch, militärisch und religiös zu kontrollieren und es sogar zu unterjochen. Dieses Vorgehen hatte weitreichende Konsequenzen für die Armenische Kirche.

Die Hauptperioden in der Geschichte der Armenischen Kirche

Die Geschichte der Armenischen Kirche kann in folgende Hauptperioden aufgeteilt werden:

Erste Periode:

Der Beginn der Armenischen Kirche ist im 1. Jahrhundert mit den Predigten der Apostel Thaddäus und Bartholomäus und ihren unmittelbaren Nachfolgern anzusetzen.

Zweite Periode:

Das 2. und 3. Jahrhundert waren eine Zeit der Verfolgung und heimlichen Verbreitung des christlichen Glaubens in Armenien.

Dritte Periode:

Diese Epoche ist bekannt als Zeit der Institutionalisierung der Armenischen Kirche. Im Jahr 301 wurde das armenische Volk die erste Nation überhaupt, die offiziell das Christentum als Staatsreligion annahm.

Vierte Periode:

Sie bildet die Zeit der Armenisierung des christlichen Glaubens. Das 5. Jahrhundert, in dem das armenische Alphabet erfunden wurde und eine reiche Literatur aufblühte, wird in der armenischen Geschichte als das »Goldene Zeitalter« bezeichnet.

Fünfte Periode:

Diese Epoche umfasst das 6. und 7. Jahrhundert. Es war eine Zeit des Ringens um die Aufrechterhaltung der Unabhängigkeit der

Armenischen Kirche im Hinblick auf die Lehre, vor allem nach der Ablehnung des Konzils von Chalcedon.

Sechste Periode:

Dieses Zeitalter, das sich vom 7. bis zum 9. Jahrhundert erstreckte, war eine Zeit der Drangsal und Stagnation unter arabischer Herrschaft.

Siebte Periode:

Die Herrschaft der Dynastie der Bagratunier im 9. und 10. Jahrhundert markierte eine Zeit des kulturellen Erwachens und der Blüte des Mönchtums.

Achte Periode:

Die kilikische Periode umfasst das 11. bis 14. Jahrhundert und ist als das »Silberne Zeitalter« der armenischen Geschichte bekannt.

Neunte Periode:

Das 15. und 16. Jahrhundert, gekennzeichnet von schwerer Unterdrückung und Verfolgungen unter osmanischer Herrschaft, wird als unser »Dunkles Zeitalter« beschrieben.

Zehnte Periode:

Das 17. und 18. Jahrhundert waren eine Zeit des kulturellen und geistigen Wiedererwachens. Dem Druck der ersten armenischen Bibel folgten wichtige religiöse Publikationen und kulturelle Leistungen.

Elfte Periode:

Im 19. Jahrhundert wurde die armenische Verfassung ausgearbeitet und die Rolle der Armenischen Kirche innerhalb des Osmanischen Reiches reaktiviert.

Zwölfte Periode:

Diese Zeit, die das 20. Jahrhundert einschließt, kann einerseits als eine Periode des Martyriums und des Überlebens, andererseits auch als Periode des Aufschwungs bezeichnet werden. Nach dem Genozid erlangte die Armenische Kirche in der Diaspora ihre geistige Vitalität wieder und organisierte ihr missionarisches Engagement neu. Unter der Sowjetherrschaft in Armenien hat die Armenische Kirche unendlich gelitten.

Die derzeitige Periode:

Zu den diese Zeitepoche dominierenden Ereignissen gehören die Unabhängigkeit Armeniens (1991), die Wiederherstellung der Selbstbestimmung der Armenier in Bergkarabach (1991), die Feier des 1700. Jahrestages der Bekehrung Armeniens zum Christentum (2001), die Gedenkfeier an den 100. Jahrestag des Völkermordes an den Armeniern (2015), die Heiligsprechung der Märtyrer des Genozids (2015) und die Annexion Bergkarabachs durch Aserbaidschan (2020). Es handelt sich weithin um eine Zeit der Renaissance.

Der Ursprung der Armenischen Kirche

Entsprechend der Tradition wurde die Saat des christlichen Glaubens in Armenien von zwei Aposteln Jesu Christi ausgesät – Thaddäus und Bartholomäus –, die als *Erste Erleuchter* und Gründer der Kirche in Armenien gelten. Über die Evangelisation der Apostel in

Armenien gibt es nur spärliche Informationen. Nach Eusebius von Cäsarea, dem Vater der Kirchengeschichtsschreibung, schickte Abgar, der an einer Hautkrankheit leidende König von Edessa, einen Brief an Jesus Christus in der Hoffnung, geheilt zu werden, und er erhielt die Antwort, dass einer der Apostel ihn besuchen werde. Nach der Himmelfahrt Christi kam der Apostel Thaddäus nach Edessa und heilte den König mit Christi Schweißtuch; der König und seine Familie wurden Christen. Thaddäus reiste dann nach Armenien und bekehrte die Prinzessin Sanduxt, die Tochter des Königs Sanatruk von Armenien, ebenso wie viele andere. König Sanatruk versuchte allerdings, Thaddäus und seine Anhänger, einschließlich seiner eigenen Tochter, dazu zu zwingen, das Christentum aufzugeben. Sanduxt, die ihrem Glauben jedoch treu blieb, wurde zusammen mit Thaddäus zu Tode gemartert und somit zur ersten christlichen Märtyrerin in Armenien. Indessen kam der Apostel Bartholomäus, nachdem er in Persien und nahe der indischen Grenze gepredigt hatte, nach Armenien, verkündigte dort den christlichen Glauben und erhielt die Krone des Martyriums.

Im Laufe der Jahre wurden Kirchen und Schreine über den Gräbern dieser Apostel erbaut, und ihr Martyrium wird entweder am letzten Samstag im November oder am ersten Samstag im Dezember gefeiert. Das Kloster des hl. Thaddäus im Gebiet von Atrpatakan (Iran) ist immer noch ein wichtiges Pilgerzentrum. Der apostolische Ursprung der Armenischen Kirche ist ein heiliges Vermächtnis, das als Quelle geistlicher Erneuerung alle Bereiche und Aspekte ihres Lebens durchdringt. So wird auch der Thron des Katholikos als Apostolischer Stuhl oder Apostolischer Thron bezeichnet. Die Apostolizität diente der Armenischen Kirche als ein ständig mahnendes Korrektiv, ihren großen Auftrag zu erfüllen und der Tradition sowie dem Glauben der Alten Kirche treu zu bleiben, die von den Aposteln übermittelt wurden.

Das Christentum als Staatsreligion

Zur Fortführung ihrer Mission ordinierten die beiden Apostel vor ihrem Martyrium Bischöfe. Zeugnisse von armenischen Historikern – wie das Martyrium der Oskeank', bei dem fünf römische Gesandte starben, die von Thaddäus bekehrt wurden, und dasjenige der Suk'iaseank', bei dem neunzehn Alanen ihr Leben ließen, die in Armenien Christen wurden – sowie Verweise auf Bischöfe und Diözesen bei Eusebius *(Kirchengeschichte)*,[1] Tertullian *(Gegen die Juden)* und Augustinus *(Gegen die Manichäer)* und von anderen frühen Kirchenvätern beweisen, dass das Christentum, obwohl es eine verborgene und verfolgte Religion war, heimlich weiterbestehen konnte. Es ist allgemeiner Konsens, dass die Bekehrung Armeniens zum Christentum im Jahr 301 erfolgte. Der hl. Gregor der Erleuchter spielte dabei eine Schlüsselrolle.

Was waren die historisch-politischen Gründe, die Armenien dazu führten, das Christentum als Staatsreligion anzunehmen? Am Ende des 3. Jahrhunderts stand Armenien zwischen zwei rivalisierenden Mächten, dem Persischen Reich im Osten und dem Römischen Reich im Westen. 226 gründete Artašir das Sassanidenreich in Persien. Als militärische Versuche Persiens zur Unterwerfung Armeniens wiederholt scheiterten, sandte Artašir den parthischen Edelmann Anak, um Xosrov, den König Armeniens, und seine Familie zu töten. Während eines Jagdausflugs tötete Anak den König und entkam. Bevor er starb, befahl Xosrov seinen Prinzen, seinen Tod zu rächen und Anak samt dessen Familie zu töten. Gregor *(Grigor)*, einer der beiden Söhne Anaks, wurde jedoch von seiner Kinderfrau gerettet und zu seinem Onkel nach Cäsarea gebracht, der ihn im christlichen Glauben aufzog. Trdat, der Sohn Xosrovs, wurde ebenfalls gerettet und ins Römische Reich gebracht. Das Schicksal sollte später Gregor, den Sohn des Mörders, mit Trdat, dem Sohn des Opfers, zusammenbringen, um gemeinsam eine neue Epoche in der Geschichte Armeniens einzuläuten.

[1] Für eine vollständige Liste der armenischen Katholikoi siehe *Anhang D.*

Gregor trat in die Armee ein und wurde Sekretär unter Trdat, der mithilfe der Römer nach Armenien zurückkehrte, um den Thron seines Vaters in Anspruch zu nehmen und die Souveränität seines Heimatlandes wiederzuerlangen. Gregor offenbarte seinen christlichen Glauben, als er sich an der armenischen Grenze weigerte, den heidnischen Göttern die Ehre zu erweisen. Trdat gelang es nicht, Gregor davon zu überzeugen, sich dem Ritual anzuschließen. Als ihm gesagt wurde, dass Gregor der Sohn des Mörders seines Vaters war, befahl er, ihn in die dunkle Grube Xor Virap, das wörtlich »tiefes Verlies« bedeutet, zu werfen, die für zum Tode verurteilte Verbrecher bestimmt war. Gemäß der Überlieferung blieb Gregor ungefähr dreizehn Jahre in der Grube; während dieser Zeit warf eine Frau, die dem Gebot eines ihr im Traum erschienenen Engels folgte, jeden Tag einen Laib Brot in die Grube. Das Kloster von Xor Virap am Fuße des Berges Ararat, auf dem laut biblischer Tradition die Arche Noahs nach der Flut landete, ist eine der heiligen Stätten der Armenischen Kirche.

Nachdem König Trdat III. (298–330) die Kontrolle über sein Königreich übernommen hatte, erließ er ein königliches Edikt, das die Anhänger Christi drängte, den christlichen Glauben aufzugeben und sich dem heidnischen Polytheismus zuzuwenden. Zu dieser Zeit kam eine Gruppe frommer christlicher Frauen nach Armenien, die wegen ihres Glaubens von den Römern verfolgt und von Gayanē angeführt wurden. Eine unter ihnen, Hṙip'simē, war bekannt für ihre außerordentliche Schönheit. Trdat wollte sie zur Frau nehmen. Als sie sich weigerte, wurden alle Jungfrauen gefoltert und die ganze Gruppe erlitt den Märtyrertod. Gemäß der Legende nahm Trdat nach ihrem Martyrium das Gebaren eines Ebers an. In einem Traum versicherte ein Engel Xosroviduxd, der Schwester des Trdat, dass nur Gregor ihren Bruder heilen könne. Gregor nach dreizehn Jahren noch lebend in der Grube zu finden, mutete wirklich wie ein Wunder an. Dieser heilte den König und begann sogleich, Armenien zu christianisieren.

Zunächst begrub Gregor die Reliquien der gemarterten frommen christlichen Frauen. Drei Kirchen – der hl. Hṙip'simē, der hl. Gayanē und der hl. Šołakat' geweiht – wurden an den Orten ihres Martyriums errichtet. In einer Vision sah Gregor einen Engel inmitten von Vałaršapat, der armenischen Hauptstadt, mit einem goldenen Hammer auf die Erde klopfen. An dieser Stelle ließ Gregor die Kathedrale des Heiligen Etschmiadsin *(Surb Ēǰmiacin)* erbauen. Das Wort Etschmiadsin (»der Eingeborene ist herabgestiegen«) hat seinen Ursprung in dieser Vision und verweist auf die Herabkunft des eingeborenen Sohnes.

Nachdem sich das Christentum im Land verbreitet hatte, wählten der König und seine Prinzen Gregor zum Oberhaupt der Kirche. Er wurde von Leontius, einem der nicänischen Väter, in Cäsarea in Kappadokien geweiht, was die enge Verbindung zwischen den beiden Sitzen zum Ausdruck brachte, aber auch ein Zeichen der persönlichen Zuneigung zwischen dem hl. Gregor und dem hl. Leontius war.

Auf dem Weg zurück nach Armenien setzte Gregor seine missionarische Arbeit fort, taufte, lehrte und baute Kirchen. So taufte er schließlich auch König Trdat und dessen Prinzen im Fluss Arsanias *(Aracani)*. Dieser formativen Periode folgte die Institutionalisierung des Christentums. Gregor ließ die Götzenstatuen zerschlagen und wandelte einige heidnische Tempel in Kirchen um. Damit die Armenische Kirche tiefe Wurzeln schlagen konnte, wählte Gregor die Söhne heidnischer Priester für das Priesteramt aus, da diese bereits mit dem religiösen Leben des Volkes vertraut waren. Er bildete sie in der christlichen Glaubens- und Lebensführung aus und weihte sie zu christlichen Priestern und Bischöfen. Gregor strukturierte auch die Gottesdienste, indem er die Liturgie des hl. Basilius als Text der Heiligen Messe zugrunde legte, er stellte Predigten und Gebete zusammen und verfasste geistliche und pastorale Schriften. Weil die Menschen ihre alten einheimischen Traditionen gewohnt waren, christianisierte Gregor auch einige der heidnischen Feste, Traditionen und Praktiken.

Den Historikern zufolge spielte der hl. Gregor auch eine wichtige Rolle bei der Evangelisierung weiter Teile Kleinasiens und des Kaukasus. Er sandte Nino *(Nounē)*, eine der Nonnen aus dem Gefolge der hl. Hṙip'simē, nach Georgien und seinen Enkelsohn Grigoris ins kaukasische Albanien, wo dieser den Märtyrertod erlitt. Die Georgische Kirche, die der armenischen eng verbunden war und ihren Primat anerkannte, trat der Familie der chalcedonensischen Kirchen im frühen 7. Jahrhundert bei. Die Kaukasisch-Albanische Kirche blieb unter der Jurisdiktion der Armenischen Kirche und assimilierte sich aufgrund ihrer ethnischen und kulturellen Affinitäten mit den Armeniern. Der hl. Mesrop Maštocʿ, der Erfinder des armenischen Alphabets, schuf auch das Alphabet für das georgische und das albanische Volk.

Im vorgerückten Alter zog sich Gregor in die Berge zurück und führte ein asketisches Leben. Es gibt keine geschichtlichen Aufzeichnungen über die letzten Tage seines Lebens. Er starb im Jahr 325. Ihm folgte sein Sohn Aristakēs nach, dem 333 seinerseits Gregors ältester Sohn Vrtʿanēs folgte; nach ihm kam 341 Gregors Enkel Husik. Die beiden letzten Nachkommen des hl. Gregor des Erleuchters waren Nersēs der Große (353–373) – er war der Enkel Husiks – und Sahak (387–436), der Sohn Nersēs des Großen. Nach dem 5. Jahrhundert wurde der Zölibat in der Armenischen Kirche eingeführt, und seither wurde der Katholikos aus dem zölibatären Klerus gewählt.

Der hl. Gregor der Erleuchter *(Surb Grigor Lusaworičʿ)* wird als *Zweiter Erleuchter,* Patron und erster Katholikos der Armenischen Kirche angesehen. Sein reiches Vermächtnis hat tiefe Spuren in der Geschichte und allen Facetten des Lebens der Armenischen Kirche hinterlassen. Sein Gedenken wird mehrere Male im liturgischen Jahr gefeiert; die wichtigsten Feste sind der Tag, als er in die Grube geworfen wurde, der Tag, als er die Grube verließ, und der Tag, an dem seine Reliquien entdeckt wurden. Die römisch-katholische sowie die östlich- und orientalisch-orthodoxen Kirchen kennen für den hl. Gregor den Erleuchter besondere Gedenktage in ihrem liturgischen Kalender, und seine Lebensgeschichte gehört in vielen Kirchen zu den hagiographischen Lesungen.

Die Bekehrung Armeniens zum Christentum veränderte das Schicksal des armenischen Volkes und ließ Armenien einen neuen historischen Weg einschlagen. Die konkreten Auswirkungen dieses als Meilenstein geltenden Ereignisses lassen sich in der anschließenden Geschichte des armenischen Volkes und der Armenischen Kirche deutlich erkennen.

Das Goldene Zeitalter

Der hl. Gregor der Erleuchter wird vom armenischen Volk aufgrund seiner führenden Rolle in der Christianisierung Armeniens als der »Erleuchter des Geistes« angesehen; weil Katholikos Nersēs der Große der sozialen Not des Volkes entgegentrat, wird er als »Erleuchter des Herzens« betrachtet; Katholikos Sahak und Vardapet Mesrop Maštocʿ werden aufgrund ihrer Schlüsselrolle bei der Schaffung des armenischen Alphabets als »Erleuchter des Verstandes« bezeichnet.

Nachdem Armenien im Jahr 387 auf das Byzantinische und das Persische Reich aufgeteilt worden war, wurde der von den Persern kontrollierte Teil das organisierte und aktive Zentrum des armenischen Lebens, während das von den Byzantinern beherrschte Gebiet in die Struktur des Imperiums integriert wurde. Damals besaßen die Armenier noch keine eigene Schriftsprache. Im persischen Teil Armeniens dominierte die syrische Sprache und Kultur, während im byzantinischen Bereich die griechische Sprache und Kultur vorherrschte. Diese Situation führte Mesrop Maštocʿ schließlich dazu, ein armenisches Alphabet zu erfinden, das wesentlich dazu beitrug, die armenische Identität aufrechtzuerhalten und die Einheit der Nation zu gewährleisten. Die Christianisierung Armeniens führte dabei unweigerlich zu einer Armenisierung des Christentums. Dieser herausfordernde Prozess der Konsolidierung, Inkulturation und Aneignung des christlichen Glaubens begann mit der Schaffung des armenischen Alphabets, das die sichere Grundlage einer ausgeprägten armenischen Kultur und Identität legte.

Mesrop und Sahak spielten eine entscheidende Rolle bei der Erfindung des armenischen Alphabets. Mesrop Maštocʿ (355–439) wurde im Dorf Hacʿekacʿ geboren. Nachdem er seine Schulbildung in Armenien abgeschlossen hatte, studierte er in Antiochien, wo er

Griechisch, Syrisch und Persisch lernte. Nach seiner Rückkehr arbeitete er als Sekretär am königlichen Hof und wurde 394 zum Priester geweiht. Während er seinen pastoralen Aufgaben als Priester nachkam, erkannte er die dringende Notwendigkeit einer geschriebenen Sprache. Mit starker Unterstützung von König Vṙamšapuh und Katholikos Sahak reiste Mesrop nach Edessa und in andere Kulturzentren; nach langen Überlegungen und Forschungen entwickelte er im Jahre 405 das armenische Alphabet. Die Erfindung des Alphabets war eine so außergewöhnliche Leistung, dass Historiker versucht haben, es auf verschiedene Weise zu erklären; so wurde etwa behauptet, dass Mesrop eine »göttliche Führung« empfangen haben müsse oder dass die Schaffung des Alphabets ein »himmlisches Wunder« sei, dass er es »weder im Schlaf noch im Wachzustand« geschrieben habe oder dass es sogar von »einer himmlischen rechten Hand« aufgeschrieben worden sei. Das Alphabet bestand aus 36 Buchstaben, die alle Laute der gesprochenen armenischen Sprache wiedergaben, sechs Vokale und 30 Konsonanten; zwei Buchstaben, »o« und »f«, wurden im 12. Jahrhundert hinzugefügt.[2]

In den Jahren nach der Erfindung bereiste Mesrop das ganze Land, um die Bevölkerung das Alphabet zu lehren. Unter anderem wurde schon bald die Bibel ins Armenische übersetzt. Später produzierte eine Gruppe von Schülern unter Mesrops und Sahaks Leitung, welche die »heiligen Übersetzer« genannt werden, eine Fülle an religiöser Literatur, indem sie die Werke und liturgischen Texte herausragender Kirchenväter übersetzten. Dieser ersten Phase von kultureller und geistiger Transformation folgte eine Welle liturgischer Texte, Hymnen, hagiographischer Schriften, theologischer Abhandlungen und apologetischer Traktate, die von Geistlichen der Armenischen Kirche verfasst wurden. Auf diese Weise führte die Erfindung des Alphabets zu einer neuen Ära in der Geschichte der Nation. Das 5. Jahrhundert wurde deshalb von den Historikern zu Recht als das Goldene Zeitalter der armenischen Geschichte bezeichnet.

2 Für das armenische Alphabet siehe *Anhang B*.

Die Ablehnung des Konzils von Chalcedon

Im Jahr 506 lehnte die Armenische Kirche das Konzil von Chalcedon (451) ab, was weitreichende Auswirkungen auf das Leben des armenischen Volkes und der Kirche hatte. Das Byzantinische Reich sah diese Ablehnung als einen politischen Akt der Abtrünnigkeit gegenüber dem Reich sowie auch einen entzweienden Schritt gegenüber Konstantinopel an. Das Konzil von Chalcedon war einberufen worden, um sich mit der nestorianischen und der eutychianischen Häresie zu befassen, mit dem Jurisdiktionsstreit der drei Sitze von Rom, Konstantinopel und Alexandrien sowie dem zunehmenden Konflikt zwischen der theologischen Schule von Alexandrien, welche die Einheit von Christi göttlicher und menschlicher Natur betonte, und der theologischen Schule von Antiochien, welche die Eigenheiten der beiden Naturen Christi hervorhob.

Einigen westlichen Kirchenhistorikern zufolge lehnte die Armenische Kirche das Konzil von Chalcedon ab, weil kein armenischer Vertreter am Konzil teilgenommen hatte und auch die Übertragung der Lehren des Konzils aus dem Griechischen ins Armenische unvollständig war. Die historischen Fakten und theologischen Zeugnisse der vorchalcedonensischen und nachchalcedonensischen Epoche zeigen jedoch, dass die Ablehnung des Konzils von Chalcedon vonseiten der Armenischen Kirche mit ihrer christologischen Lehre zusammenhing, die auf den ersten drei Konzilien und den Argumenten der theologischen Schule von Alexandrien gründete. Seit der Entstehung der Armenischen Kirche stand die armenische Theologie aufgrund ihrer besonderen Beziehungen zu Cäsarea und ihrer engen Verbindung zu den alexandrinischen Kirchenvätern, vor allem durch die Übersetzung ihrer Werke, bereits fest im alexandrinischen Lager. Daher diente der christologische Ansatz des Kyrill von Alexandrien, der die untrennbare, aber erkennbare Einheit der göttlichen und der menschlichen Natur in Christus betonte, welcher in der christologischen Auseinandersetzung ein Bezugspunkt von entscheidender Bedeutung werden sollte, als Grundlage für die christologische Position der Armenischen Kirche gegenüber dem Konzil von Chalcedon.

Der christologische Meinungsstreit in der Kirche endete nicht mit dem Konzil von Chalcedon, dem Vierten Ökumenischen Konzil der Kirchengeschichte. Dieses Konzil war in der Tat der Beginn eines größeren und tiefergehenden Konflikts, der über die Grenzen des Byzantinischen Reiches hinausging und die religionspolitischen Beziehungen in Ost und West beeinflusste. Während das Christentum in christologischen und jurisdiktionellen Streitigkeiten gefangen war, verteidigte das armenische Volk unter Leitung von Vardan Mamikonian und des Priesters Łevond Erēcʻ den christlichen Glauben gegenüber dem Sassanidenreich, welches versuchte, Armenien den Mazdaismus (auch Zoroastrismus genannt) aufzuzwingen.

In den folgenden Jahrhunderten scheiterten politischer Druck, militärische Bedrohungen und selbst große Versprechungen des Byzantinischen Reiches, die Armenische Kirche davon zu überzeugen, ihre Einstellung im Blick auf Chalcedon zu revidieren. Die Positionen beider Seiten wurden sowohl von theologischen Überlegungen als auch von politischen Interessen beeinflusst. Die Griechen glaubten, dass die Annahme des Konzils von Chalcedon durch die Armenische Kirche ihr eigentliches Ziel erheblich erleichtern würde, nämlich die Unterwerfung Armeniens. Die Armenier fürchteten, dass die Annahme des Konzils von Chalcedon die Unabhängigkeit der Armenischen Kirche kompromittieren und auch zur Assimilation des armenischen Volkes im Byzantinischen Reich führen würde.

Die Araber in Armenien

Mitte des 7. Jahrhunderts wurde die persische und die byzantinische politisch-militärische Präsenz in Armenien durch das energische Auftauchen der Araber bedroht. Die Araber fielen zum ersten Mal 654 in Armenien ein und unterwarfen das Land mühelos ihrer Herrschaft, welche die nächsten zweihundert Jahre andauern sollte. Allgemein stagnierte das religiöse, politische und kulturelle

Leben während dieser Zeit. Obwohl es einige Fälle von Zwangsbekehrungen gab, wurde dies nicht zur allgemeinen Regel; mit der Zeit wurde ein *modus vivendi* zwischen Armeniern und Arabern gefunden. Entsprechend dem muslimischen Gesetz waren die christlichen Armenier *dhimmis*, d.h. geschützte Menschen, die verpflichtet waren, hohe Steuern zu zahlen und unbewaffnet zu bleiben; daher konnten die Armenier ihre eigenen religiösen Regeln, Überzeugungen und Traditionen beibehalten. Die arabische Herrschaft war politisch erdrückend, aber religiös tolerant. In der Tat stattete Katholikos Yovhannēs III. Ōjnec'i Imastasēr (der Philosoph) im Jahr 718 dem Umayyadenkalifen Umar II. in Damaskus einen Besuch ab und wurde mit großen Ehren empfangen.

Politische Loyalität gegenüber den Arabern ebnete den Weg für die armenischen Dynastien der Bagratuni *(Bagratiden)* und Arcruni *(Arcrunier)*, um in ihren Regionen Autonomie zu genießen. Als die arabische Macht im 9. Jahrhundert abnahm, verstärkten die Bagratunier ihre Autorität, und 862 wurde Ašot V. Bagratuni formell von den Arabern und Byzantinern als Herrscher Armeniens anerkannt; 884 wurde er zum König gekrönt. Das Königreich der Bagratunier hielt sich bis 1079.

In den folgenden Jahrhunderten wurde Armenien aufgrund der kontinuierlichen Bestrebungen der Byzantiner, Perser, Araber und später der Osmanen und Russen, den Kaukasus zu kontrollieren, zum Schauplatz endloser Kriege. Normale Beziehungen mit diesen Mächten aufrechtzuerhalten, ohne die Einheit und Autonomie der Nation zu gefährden, war eine akute und ständige Sorge für die politischen und religiösen Führungskräfte Armeniens.

Die Entstehung des armenischen Kilikien

Am nordöstlichen Rand des Mittelmeeres gelegen und vom Taurusgebirge im Westen sowie dem Amanosgebirge im Osten umgeben, wurde Kilikien, sonst als »Kleinarmenien« bekannt, die zweite Heimat für das armenische Volk und seine erste organisierte

Diaspora. Die armenische Präsenz in Kilikien begann im 10. Jahrhundert und nahm Gestalt an, als das Byzantinische Reich die armenischen Prinzen bestärkte, mit ihrem Volk nach Kilikien zu ziehen, um seine südlichen Grenzen gegen die Invasionen der Seldschuken zu verteidigen. Als die Bevölkerung Armeniens nach und nach abnahm, entwickelte sich Kilikien allmählich zu einem neuen Zentrum des armenischen politischen, religiösen und kulturellen Lebens. Die Armenier wurden bald zu einem integralen Bestandteil der pluralistischen Gesellschaft in Kilikien, welche Griechen, Türken, Kreuzfahrer, Muslime, Araber, Mongolen, Seldschuken, Assyrer und Lateiner umfasste. Damit die armenische Nation in Kilikien inmitten endloser politischer Spannungen, religiöser Konflikte und militärischer Auseinandersetzungen überleben konnte, verfolgten die armenischen politischen und kirchlichen Führer reine Realpolitik.

Zwei rivalisierende armenische Dynastien, die Rubeniden und die Hethumiden, regierten das armenische Kilikien fast dreihundert Jahre lang. Sie repräsentierten unterschiedliche politische Orientierungen. Die Hethumiden waren Vasallen der Byzantiner und vertraten eine hellenophile Tendenz unter den Armeniern. Die Rubeniden, die zwar nominell mit Konstantinopel alliiert waren, versuchten, ihren autonomen politischen Status und ihre Kontrolle über ganz Kilikien auszuweiten. Die Rubeniden waren antibyzantinisch eingestellt und in gewissem Sinn prolateinisch. Angesichts großer, die Nation bedrohender Gefahren schlossen sich diese beiden rivalisierenden Dynastien zusammen. Die Armenier in Kilikien kamen in unmittelbaren Kontakt mit den Kreuzfahrern, aber nach einer kurzlebigen Allianz distanzierten sie sich von jenen wegen der politisch-religiösen Ambitionen und Ziele der Kreuzzüge. Um ein relativ starkes und sicheres Land aufrechtzuerhalten, waren die Armenier jedoch gezwungen, zu unterschiedlichen Zeiten und unter verschiedenen Umständen eine politisch-militärische Zusammenarbeit und sogar Allianzen mit den Byzantinern, Lateinern, Arabern, Seldschuken und Mongolen einzugehen. 1226 wurde das armenische Fürstentum in Kilikien ein Königreich, das 1375 seine Unabhängigkeit wieder verlor, als die Mameluken in das Land einfielen; Levon VI., der letzte regierende König, wurde als Gefangener nach Ägypten gebracht.

Das armenische Katholikossat, der Verwaltungssitz der Armenischen Kirche, war zusammen mit seinem Volk Mitte des 11. Jahrhunderts von Armenien nach Kilikien umgezogen. In Kilikien spielte die Armenische Kirche eine entscheidende Rolle dabei, das physische Überleben des Volkes zu gewährleisten und seine innere Einheit zu bewahren. Die Kirche förderte auch die christliche Einheit, indem sie zwischenkirchliche Beziehungen herstellte und theologische Dialoge mit den syrischen, griechischen und lateinischen Kirchen führte; durch ihre kulturellen Leistungen trug sie viel zur Blüte der christlichen Zivilisation im Osten bei.

In Kilikien bereicherten die enge Interaktion mit der pluralistischen Umgebung sowie der ständige Kontakt mit dem christlichen Westen und dem muslimischen Osten die armenische politische und religiöse Kultur; neue Strömungen und Perspektiven erweiterten die Ansichten und Einstellungen der Armenier gegenüber den politischen, sozialen und theologischen Fragen der damaligen Zeit. Diese Interaktion half auch mit, eine umfassende Vision und eine politisch-religiöse Strategie zu entwickeln, die von zwei Eigenschaften geprägt war: (1) Treue zur grundlegenden Lehre der Armenischen Kirche und zu den Grundwerten der armenischen Kultur und nationalen Ideologie; und (2) Offenheit und Toleranz gegenüber anderen Kirchen, Kulturen und Ethnien.

Diese Zeitspanne in Kilikien wird das Silberne Zeitalter der armenischen Geschichte genannt. Hṙomkla, Skewṙa, Drazark, Akner und andere Klöster, die zu lebendigen Zentren der Kultur und der höheren Bildung geworden sind, brachten ein neues geistiges und kulturelles Wiedererwachen. In Kilikien lernten die Armenier aus ihrer existentiellen Erfahrung, wie man durch Interaktion mit anderen überleben kann. Die heutige Diaspora, die in gewissem Maße die Fortsetzung des armenischen Kilikiens ist, hat diese Art der Existenz fortgesetzt. Trotz der vorherrschenden politischen Ungewissheiten in Großarmenien wurde indessen das religiös-kulturelle Leben lebendig erhalten, vor allem in den Klöstern von Tatʻew, Glajor, Sanahin und Hałbat.

Eine Zeit der Ungewissheit und Stagnation

Nach dem Fall des armenischen Königreiches in Kilikien wurde die ganze Region zum Schauplatz kontinuierlicher militärischer Auseinandersetzungen. Um dem Grauen zu entfliehen, wanderten die Armenier nach Kleinasien, nach Ost- und später auch nach Westeuropa aus. Als einzige verbleibende zentrale Institution kümmerte sich die Kirche darum, das physische Überleben und die Einheit des armenischen Volkes zu sichern. Armenien wurde auch zu einem Gebiet ständiger Invasion und Besetzung durch persische und türkische Stämme. 1453 wurde Konstantinopel, das wichtigste Symbol des Byzantinischen Reiches und der östlichen Christenheit, von Sultan Mehmet II. erobert. Der Fall von Konstantinopel stellt einen Wendepunkt in der Geschichte des Ostens dar und hatte tiefgreifende Folgen für die Christen im Allgemeinen, insbesondere aber für die Armenier. Das östliche Christentum wurde tief erschüttert, das christliche Zeugnis war in Gefahr, und die Christen, einschließlich der Armenier, wurden zwischen zwei rivalisierenden muslimischen Mächten, den Türken und den Persern, aufgerieben.

Der Vertrag von Amasya aus dem Jahr 1555 stellte Ostarmenien unter persische Kontrolle und Westarmenien sowie Kilikien unter osmanische Obrigkeit. Das Leben unter den zwei Herrschaften war recht verschieden. Unter den Osmanen waren alle Christen, einschließlich der Armenier, Diskriminierungen und Entbehrungen ausgesetzt. Bei den Persern lebten die Armenier in einem relativ toleranten Kontext und erfreuten sich einer begrenzten religiösen Freiheit. Um den Einfall osmanischer Heere zu verhindern, deportierte Schah Abbas I. 1603 die Armenier aus der Stadt Dschulfa in Nachitschewan nach Isfahan in Persien und gründete die Stadt Neu-Dschulfa. Schah Abbas I. ermutigte die Armenier, sich in Wirtschaft und Handel zu engagieren, und erlaubte ihnen, Kirchen und Klöster zu bauen und ihre eigene Kultur zu entwickeln. Das All-Erlöser-Kloster *(Surb Amenap'rkič' Vank')* in Neu-Dschulfa ist noch immer ein Hauptzentrum armenischer Spiritualität und Kultur.

Im späten 18. Jahrhundert wurde die persische Präsenz in der Region erheblich geschwächt, was den Weg für das Russische Reich ebnete, sich nach Süden auf den Kaukasus zuzubewegen. 1828 schlossen Russland und Persien den Vertrag von Turkmantschai, wodurch der größere Teil Armeniens unter russische Kontrolle kam. In den folgenden Jahrzehnten sicherte sich Russland ein festes Standbein im südlichen Kaukasus, indem es die Verträge von Adrianopel (Edirne) (1829), San Stefano (1878) und Berlin (1885) erzwang, infolge derer die Türkei wichtige Teile Westarmeniens an Russland abtrat.

Während des 17. und 18. Jahrhunderts versuchten die Armenier, zumindest für einen Teil Armeniens oder Kilikiens einen autonomen Status zu schaffen, was ihnen aber nicht gelang. Zu Beginn der russischen Herrschaft erlebte die Armenische Kirche eine kurze Zeitspanne geistiger und kultureller Wiederbelebung. Später jedoch erlaubten die Russen den armenischen Schulen nur noch Russisch als Unterrichtssprache und beschlagnahmten Kirchenbesitz. Katholikos Mkrtičʿ I. Xrimian, von den Gläubigen *Hayrik* (Väterchen) genannt, protestierte heftig gegen diese Politik und überzeugte die Russen, sie aufzugeben. 1836 erließ Zar Nikolaus I. ein Dekret *(Položenie)*, das massiv in die Organisationsform der Armenischen Kirche eingriff. Während der Erlass der Armenischen Kirche zwar begrenzte Autonomie gewährte, gab er dem Zaren das Vorrecht, einen der zwei von der Synode der Kirche vorgeschlagenen Kandidaten zum Katholikos zu ernennen.

Unterdessen erließ das Osmanische Reich, unter Druck gesetzt durch die westlichen Mächte, 1839 und 1856 zwei Reichsverordnungen, die allen Bürgern Gleichberechtigung verhießen. Diese brachten aber für die Lage der Christen keinen wirklichen Wandel. 1863, wiederum auf den Druck aus Europa hin, wurde von der osmanischen Regierung eine *Nationalverfassung* für die Armenier gebilligt.[3] Unter den Bedingungen dieser Verfassung wurde die armenische Gemeinschaft, wie andere religiöse Minderheiten, als ein

[3] In englischsprachigen Texten als »Armenian National Constitution« und im Französischen als »Constitution nationale arménienne« geläufig; im

Millet, eine selbstverwaltete Einheit, angesehen. Der armenische Patriarch von Konstantinopel fungierte als Sprecher der Gemeinschaft und zugleich als Vertreter des osmanischen Staates. Die Verfassung sicherte auch den Laien eine größere Rolle in der Verwaltung der Armenischen Kirche zu.

Das Ende dieser Periode ist gekennzeichnet durch ein allgemeines religiöses, kulturelles und nationales Wiedererwachen im Leben des armenischen Volkes sowohl innerhalb der russischen als auch der osmanischen Grenzen. Die neu gegründeten theologischen Seminare, Gēorgian čemaran in Armenien und Armaš im Osmanischen Reich, sowie eine Reihe herausragender geistlicher Führer – unter ihnen Katholikos Nersēs Aštarakec'i, Katholikos Mkrtič' I. Xrimian, Katholikos Babkēn Giulesserian, Patriarch Małak'ia Ōrmanian, Patriarch Ełišē Durian und Patriarch T'orgom Gušakian – und Wissenschaftler – wie Aršak Tēr-Mik'elian, Ervand Tēr-Minassianc' und Karapet Tēr-Mkrtč'ian – trugen zu dieser neuen Welle des panarmenischen Wiederauflebens bei. Sie bildeten neue Generationen von Geistlichen, Gelehrten und Lehrern aus, und durch ihren engagierten Dienst und ihr Vorbild flößten sie der Armenischen Kirche nach einer langen Zeit der Stagnation neue geistige Vitalität und intellektuelle Kreativität ein.

Der Völkermord an den Armeniern

In der zweiten Hälfte des 19. Jahrhunderts nahm die Unterdrückung der Armenier im Osmanischen Reich zu. Die osmanischen Behörden ignorierten die formalen Zusicherungen, die den Armeniern durch die Verträge von San Stefano und Berlin zugebilligt worden waren. Die Armenische Kirche appellierte häufig an die europäischen Mächte, sich bei der osmanischen Obrigkeit für sie einzusetzen, stieß aber stets auf taube Ohren.

Deutschen ist der Begriff einer »Armenischen Nationalverfassung« dagegen eher selten.

Gegen Ende des 19. Jahrhunderts begannen die Behörden, einheimische Stämme im ganzen Reich anzuwerben, um Gewalttaten gegen die Armenier zu verüben. Armenische politische Parteien wurden gegründet, um das Volk zu verteidigen: 1887 wurde die Sozialdemokratische Hunčʿak-Partei ins Leben gerufen, der 1890 die Armenische Revolutionäre Föderation folgte. Die osmanisch-türkische Regierung benutzte die Gründung dieser Parteien als Vorwand und organisierte in den Jahren 1894/95 Massaker in Sassun und 1908/09 in Adana. Die Jungtürken, die 1908 an die Macht gekommen waren, machten die Wiederherstellung eines panturanischen Reiches, das sich vom Mittelmeer bis zum Kaspischen Meer erstrecken sollte und auf türkischer nationalistischer und säkularer Ideologie gründete, zu ihrer höchsten Priorität. Die Armenier, die sich aktiv am wirtschaftlichen, kulturellen und intellektuellen Leben der osmanischen Gesellschaft beteiligten, wurden als Haupthindernis für die Verwirklichung dieses Planes betrachtet. Der Erste Weltkrieg lieferte dem osmanisch-türkischen Reich den passenden Moment zur Realisierung der Endlösung: der totalen Vernichtung des armenischen Volkes.

Die westlichen Mächte unternahmen nichts, um den ersten Völkermord im 20. Jahrhundert zu verhindern oder aufzuhalten. Historische Zeugnisse und Augenzeugenberichte beweisen deutlich, dass der armenische Völkermord sorgfältig organisiert und von der damaligen osmanisch-türkischen Regierung systematisch ausgeführt wurde. Durch den Völkermord wurden das armenische Volk und die Armenische Kirche beinahe ausgelöscht. Anderthalb Millionen Armenier wurden niedergemetzelt, und die Überlebenden, unter ihnen tausende Waisen, suchten Zuflucht in Syrien, im Libanon und in anderen arabischen Ländern, wo sie mit Mitgefühl und Respekt aufgenommen wurden. Tausende von Kirchen, Klöstern, religiösen Stätten, Schulen und Gemeindezentren wurden entweder zerstört oder beschlagnahmt, ebenso der Besitz von Kirchen, Gemeinschaften und einzelnen Persönlichkeiten; viele Geistliche wurden getötet; unzählige Manuskripte und liturgische Gegenstände von unermesslichem kulturellen und historischen Wert wurden gestohlen oder vernichtet. Armenier wurden zum Islam zwangskonvertiert, besonders in ländlichen Gebieten. So wurde das osmanisch-türkische Reich von allen Armeniern entvölkert, mit Ausnahme einer kleinen Gemeinschaft in Konstantinopel.

In seinen Memoiren beschreibt Katholikos Sahak II., wie die türkischen Behörden den Befehl gaben, das Katholikossat, den Hauptsitz der Armenischen Kirche in Sis, zu evakuieren, und wie dann das Gebäude von den türkischen Truppen angegriffen und zerstört wurde. Er schrieb: »*Auf Wiedersehen, achthundert Jahre alter Sitz des Katholikossates …!*« Der letzte Katholikos im kilikischen Sis wurde – nach seinen eigenen Worten – »ein wandernder Katholikos«, wie seine Herde im Exil, und zog von Sis nach Adana, Jerusalem, Damaskus, Aleppo, Beirut und Zypern. 1930 wurde schließlich das jahrhundertealte Katholikossat von Kilikien in Antelias im Libanon errichtet. Heute noch singen die Nachkommen des Völkermordes den Hymnus des Katholikossats von Kilikien mit Tränen in den Augen: »*Ich sehne mich nach meinem Kilikien, dem Land, das mir die Sonne gab …!*« Infolge des Völkermordes breitete sich die armenische Diaspora in der ganzen Welt aus.

Sowjetarmenien und die armenische Diaspora

Die Armenische Kirche wurde im 20. Jahrhundert von drei Phänomenen stark geprägt: dem Völkermord, der Sowjetisierung Ostarmeniens und der Entstehung einer weltweiten Diaspora. Bedauerlicherweise entfernten sich Sowjetarmenien und die Diaspora nicht nur aufgrund der geografischen Distanz voneinander und gerieten oft in Spannung, was sich verständlicherweise negativ auf das Leben der Armenischen Kirche und das Volk auswirkte.

1917 kam die Kommunistische Partei in Russland an die Macht. Nach der kommunistischen Revolution und dem Rückzug der russischen Armee aus Armenien wurde am 28. Mai 1918 die unabhängige Republik von Armenien auf einem kleinen Teil des historischen Armeniens ausgerufen. Um der drohenden Gefahr einer türkischen Aggression zuvorzukommen, war Armenien 1922 gezwungen, sich der Sowjetunion anzugliedern. In der Sowjetunion litt die Armenische Kirche, wie alle Kirchen und Religionen, unter Repressalien. Das 1836 von Zar Nikolaus I. erlassene Dekret *(Položenie)* wurde abgeschafft, und die Bischofssynode wurde durch den Obersten Geistlichen Rat ersetzt, der sich zwar aus Geistlichen und Laien zusammensetzte und vom Katholikos ernannt wurde, aber stets unter der strengen Kontrolle der staatlichen Behörden stand. Die kommunistische Herrschaft, angetrieben von der marxistischen Ideologie, unterdrückte die Religion und ignorierte die Menschenrechte. Diese Politik forderte viele Opfer unter den Armeniern: Kirchen und kirchliche Institutionen wurden geschlossen, ihre Besitztümer wurden beschlagnahmt, zahlreiche Geistliche und Intellektuelle mit nationalistischen Ideen wurden nach Sibirien verbannt, und als Katholikos Xoren I. Muratbēkian 1938 in seiner Residenz in Etschmiadsin starb, wurde eine unnatürliche Todesursache vermutet. Nach dem Zweiten Weltkrieg ließen die antireligiösen Kampagnen etwas nach, und die Beziehungen zwischen Kirche und Staat nahmen eine neue Wendung. Die Sowjets realisierten, dass die Kirche dem Staat einen wertvollen Dienst leisten könnte, indem sie ihren Einfluss auf verschiedene Art und Weise außerhalb der Sowjetunion geltend macht. Solche Versuche verschlechterten die Beziehungen zwischen Armenien und der Diaspora und erhöhten die vorhandenen Spannungen. In den folgenden Jahrzehnten wurde die Sowjetunion der Armenischen Kirche gegenüber allmählich toleranter. Einige Kirchen und Klöster wurden wieder geöffnet, kirchliche Aktivitäten wurden wieder zugelassen und neu organisiert, und ein begrenztes geistliches und kulturelles Wiedererwachen begann in Armenien Gestalt und Ausdruck anzunehmen.

In der Diaspora mussten die Armenier ihr Leben ganz von Neuem aufbauen. Zu Beginn hatten sie Schwierigkeiten, sich niederzulassen und sich den örtlichen Gegebenheiten anzupassen. Der Übergang vom Flüchtlingsstatus bis zur Bildung einer Gemeinschaft brauchte Zeit, war harte Arbeit und erforderte vollen Einsatz. Die Situation verlangte ihren Tribut auch von der Armenischen Kirche. Das Patriarchat von Jerusalem war aufgrund des arabisch-israelischen Konflikts und das Patriarchat von Konstantinopel angesichts des Völkermordes erheblich geschwächt; sie hatten die meisten ihrer Geistlichen, Gläubigen und viel an Autorität verloren. Das Katholikossat von Kilikien spielte unter sehr komplexen und herausfordernden Bedingungen eine entscheidende Rolle bei der Wiederbelebung und Erneuerung der Mission der Armenischen Kirche in der Diaspora. Es kaufte im libanesischen Antelias Immobilien vom »Amerikanischen Hilfswerk für den Nahen Osten«[4], welches diese von 1922 bis 1928 als armenisches Waisenhaus geführt hatte. In sehr kurzer Zeit wurden auf dem Grundstück die Kathedrale des hl. Gregor des Erleuchters und eine Kapelle in Erinnerung an die Märtyrer des armenischen Genozids gebaut;[5] außerdem wurde auch ein neues Priesterseminar gegründet. Dieser ersten Phase der Ansiedlung des Katholikossats in Antelias folgte eine Reihe von Initiativen, die auf eine Wiederbelebung des inneren Lebens und der missionarischen Reichweite der Kirche abzielten.

Die politischen Parteien sowie kulturelle, humanitäre und soziale Organisationen wurden neu organisiert, prosperierten und wirkten am Aufbau der Gemeinschaft mit. Mancherorts erzeugten antisowjetische und prosowjetische Strömungen interne Spannungen. Dennoch blieb die armenische Diaspora eine erbitterte Gegnerin des Sowjetregimes. Die Anerkennung des armenischen Völkermordes und die Wiedergutmachung, zusammen bekannt als die »Armenische Sache«, wurden zur obersten Priorität der Diaspora. Das Katholikossat von Kilikien, das lebendige Symbol des armenischen Völkermordes, wurde zu einer führenden Kraft in der Gemeinschaftsbildung, zu einer Avantgarde des antisowjetischen Kampfes und zu einem starken Fürsprecher für die legitimen Rechte des armenischen Volkes.

4 1915 als »American Committee on Armenian Atrocities« gegründet, wurde der Name später in »American Committee for Relief in the Near East« und sodann in »Near East Relief« geändert. Heute bezeichnet sich die Organisation als »Near East Foundation«.

5 Diese sind beide auf dem Titelfoto dieses Buches abgebildet.

Neue Hoffnungen und Verheißungen

Der Fall der Sowjetunion und die Wiedererlangung der Unabhängigkeit Armeniens auf einem kleinen Gebiet des historischen Armeniens im Jahr 1991 brachte eine neue Situation mit sich, die von neuen Hoffnungen und Herausforderungen geprägt war. Diese epochalen Veränderungen rissen die ideologischen und politischen Mauern nieder, die Armenien und die Diaspora trennten, und die Diaspora wandte sich Armenien mit voller Energie und Hoffnung zu. Sie stellte ihre menschlichen und materiellen Ressourcen zur Verfügung, um Armenien bei seinem Aufbau als Staat zu helfen. Sie unterstützte auch erheblich die Bemühungen der Armenier in Bergkarabach, ihre Selbstbestimmung wiederzuerlangen.

In Armenien wurden die meisten alten Klöster und Kirchen renoviert, neue Kirchen wurden gebaut, die christliche Erziehung wurde neu organisiert und neue Geistliche wurden geweiht. So hat das kirchliche Leben wieder an Schwung und Vitalität gewonnen. Nach einer Zeit der Stagnation erreicht die Armenische Kirche in Armenien heute wieder ihre Stärke und Integrität zurück und kämpft darum, ihre Stellung und Rolle in der Gesellschaft neu zu bestimmen und wiederherzustellen. Deshalb steht die Armenische Kirche vor sehr großen Herausforderungen. In Armenien gilt es, dem zunehmenden Eindringen religiöser Sekten wie auch des Säkularismus durch vermehrte Evangelisation und Stärkung der Diakonie entgegenzuwirken. In der Diaspora sollte die Kirche den Auswirkungen der Globalisierung und der Interaktion mit ihrer Umgebung in verschiedenen Bereichen ihres Lebens und Zeugnisses proaktiv und vorurteilslos bewältigen.

Im Laufe ihrer Geschichte haben die Armenier Verfolgung, Unterdrückung, Massaker und Martyrium erlitten und sich nur selten an Zeiten des Friedens erfreuen können. Der Glaube an Gott hat ihnen jedoch die Willenskraft zum Überleben und die Ausdauer gegeben, zu bauen und wiederaufzubauen, zu schaffen und neu zu schaffen, sowie hoffnungsvoll nach vorne zu blicken. Kaiser, Sultane, Schahs, Kalifen, Könige, Zaren und Diktatoren mit ihren politischen, militärischen, wirtschaftlichen, ideologischen, religiösen und kulturellen Waffen sind nicht in der Lage gewesen, diese kleine Nation und ihre Kirche zu zerstören oder zu assimilieren. Das Überleben des armenischen Volkes und der Armenischen Kirche ist in der Tat ein Wunder der Geschichte.

Die lange Glaubensreise der Armenischen Kirche war eine Reise des Martyriums im Leben und im Tod. Ihre Reise war geprägt von einem Geist der Kreativität und der Erneuerung inmitten von Aufruhr und Umwälzungen. Heute setzt sich die geistige Pilgerfahrt dieser alten Kirche des weltweiten Christentums mit neuem Glauben und neuer Vision fort.

Sis, Sitz des Katholikossats des Großen Hauses von Kilikien, historische Aufnahme aus der Zeit vor dem Ersten Weltkrieg.

II. Hierarchie und Entscheidungsfindung

Die Armenische Kirche ist eine hierarchisch strukturierte Kirche; ihre Hierarchie wurzelt in der Tradition der Kirche der Apostel. Der Apostelgeschichte (Apg 15) zufolge verwalteten die Apostel und die Ältesten das Leben und Zeugnis der Alten Kirche. Als die ersten christlichen Gemeinden entstanden, die Kirche größer wurde und institutionelle Züge entwickelte, entstand eine Hierarchie, die Diakone, Presbyter und Bischöfe umfasste. Bis das Christentum zur Staatsreligion wurde, leiteten in Armenien Bischöfe die Kirche; in dieser Zeit wurde der hl. Gregor der Erleuchter ihr erster Katholikos.

Hierarchie

Die Armenische Kirche kennt folgende hierarchische Stufen:

Katholikos

Der Katholikos *(kat'ołikos)* ist das Oberhaupt der Armenischen Kirche und wird auch als Hohepriester *(k'ahanayapet)*, oberster Bischof *(episkoposapet)* und geistlicher Führer des Volkes *(azgapet)* bezeichnet. Der Katholikos wird auf Lebenszeit von der Nationalen Delegiertenversammlung gewählt, die aus zwei Dritteln Laien und einem Drittel geistlicher Repräsentanten zusammengesetzt ist, die alle Diözesen und den Klerus aller Weihestufen vertreten. Alle Bischöfe sind berechtigt, sich der Wahl zu stellen, unabhängig von ihrem Alter und davon, welchem hierarchischen Stuhl der Armenischen Kirche sie angehören. Den Vorsitz der Wahl führt der *locum tenens* (ein Geistlicher, vorzugsweise ein Bischof, der das Amt des Katholikos vorübergehend verwaltet); die Wahl findet in der Kathedrale zu Etschmiadsin bzw. in der Kathedrale des hl. Gregors des Erleuchters in Antelias statt. Die wichtigsten kirchlichen Privilegien des Katholikos sind die Bischofsweihe und die Weihe des heiligen Myron. Der Katholikos billigt die Wahl der Diözesanbischöfe und ernennt, falls notwendig, Gesandte des Katholikossats. Die Weihe des Katholikos wurde im 9. Jahrhundert eingeführt und findet unter Beteiligung von mindestens drei Bischöfen statt. Das Ritual, das die Salbung des Hauptes des neuen Katholikos einschließt, ist dem Ritual, das zur Inthronisierung der alten armenischen Könige diente, nachempfunden.

Patriarch

Der Patriarch *(patriark')* wird inthronisiert, nicht geweiht; er hat Vollmacht vor Ort und erkennt die geistliche Oberhoheit des Katholikos an. Der Patriarch von Jerusalem wird von den Kongregationsmitgliedern des St.-Jakobus-Klosters des Patriarchats gewählt; der Patriarch von Konstantinopel wird von einer Versammlung gewählt, die sich aus Geistlichen und Laiendelegierten zusammensetzt, welche die Gemeinden vertreten.

Erzbischof

Erzbischof *(ark'episkopos)* ist ein Ehrentitel, der einem älteren Bischof durch eine Enzyklika des Katholikos als Anerkennung für seine langjährigen Leistungen verliehen wird. Der Titel wird auch einem Diözesanbischof verliehen, der einer großen Diözese mit Weihbischöfen vorsteht.

Bischof

Ein Bischof *(episkopos)* wird vom Katholikos geweiht, dem dabei zwei Bischöfe assistieren. Gemäß dem kanonischen Recht wird ein

Bischof als Primas durch die Delegierten der Diözesanversammlung gewählt und für diese Diözese geweiht. Der Katholikos kann jedoch einen Bischof auch für eine nichtdiözesane Aufgabe weihen.

Vardapet und Oberster Vardapet

Vardapet bedeutet Lehrer oder Doktor der Theologie. Es handelt sich um einen kirchlichen akademischen Titel, der nur zölibatären Priestern vom Katholikos oder von einem Bischof bei einer liturgischen Feier verliehen wird. Dieser kichliche akademische Grad besteht aus zwei Stufen: dem einfachen Vardapet, der vier Abstufungen einschließt, und dem Obersten Vardapet *(cayraguyn vardapet)* mit zehn Abstufungen.[1] Bei der Verleihung erhält der Kandidat einen besonderen Stab, an dessen oberen Teil zwei Schlangen miteinander verflochten sind, die Klugheit und Weisheit symbolisieren; an der Spitze des Stabes steht ein Kreuz. Diese Grade werden getrennt verliehen, da für jeden davon eine Dissertation verfasst und verteidigt werden muss. Ein zölibatärer Priester kann Bischof werden, ohne diese Grade zu besitzen, aber er kann sie nicht anderen verleihen.

Zölibatärer Priester

Der zölibatäre Priester *(abełay)*, auch Mönch oder monastischer Priester genannt, lebt gewöhnlich in einem Kloster und geht pädagogischen und missionarischen Tätigkeiten nach. In besonderen Fällen kann er auch pastorale oder andere spezifische Aufgaben in einer Diözese übernehmen. Die Katholikoi, Bischöfe, Vardapeten

[1] Die dem Armenischen eigene Bezeichnung »Vardapet« bzw. »Oberster Vardapet« ist analog zu verstehen zu den in den Kirchen der byzantinischen Tradition bekannten Titeln eines Archimandriten bzw. Proto-Archimandriten.

und Mönche bleiben unverheiratet. Das Zölibat wurde im 5. Jahrhundert in der Armenischen Kirche eingeführt.

Verheirateter Priester

Ein verheirateter Priester *(k'ahanay)* ist Pfarrer einer Gemeinde. Er lebt mit seiner Familie unter den Gemeindemitgliedern und übt seine pastorale Tätigkeit unter Aufsicht des Diözesanbischofs in der Diözese aus. Für viele Jahre engagierten Dienstes wird ihm der Titel eines Erzpriesters *(awag k'ahanay)* verliehen. Falls die Frau eines verheirateten Priesters *(erēc'kin)* stirbt, kann er entweder erneut heiraten oder mit Zustimmung des Katholikos dem Stand der zölibatären Priesterschaft beitreten.

Diakon

Das Diakonat ist die erste Stufe der kirchlichen Hierarchie. Hauptaufgabe des Diakons *(sarkawag)* ist es, dem Priester oder Bischof während der Liturgie zu assistieren. Ein Diakon kann auch begrenzte pastorale und pädagogische Aufgaben unter der Aufsicht eines Diözesanbischofs oder Priesters übernehmen.

Die folgenden Titel werden für den Klerus benutzt: für den Katholikos *Seine Heiligkeit (norin surb ōcutiun)*; für einen Patriarchen *Seine Seligkeit (norin amenapatuut'iun)*; für den locum tenens *Seine Eminenz (barjrašnorh)*; für einen Erzbischof und einen Bischof *Seine Exzellenz (gerašnorh)*; für einen Obersten Vardapet *Hochwürdiger Vater (gerapatiw)*; für einen Vardapet bzw. einen Mönchspriester *Ehrwürdiger Vater (hogešnorh)*; für einen verheirateten Priester *Hochwürden (aržanapatiw)*; für einen Diakon *Ehrwürdiger Herr (barešnorh)*. Im Armenischen wird der Katholikos als *Eure Heiligkeit (vehap'aṙ tēr)* angesprochen; ein Erzbischof oder Bischof als *Heiligster Vater (srbazan hayr)*; ein Oberster Vardapet, ein Vardapet oder ein Mönch als *Heiliger Vater* (*hayr surb*); ein verheirateter Priester als *Vater* (*tēr hayr*).

Die Armenische Kirche kennt verschiedene Anreden, wenn Geistliche entsprechend ihren verschiedenen Rängen angesprochen werden. Ein verheirateter Priester wird begrüßt mit »Segne, Vater!« *(orhnea tēr)*, und er würdigt diesen Gruß mit »Möge Gott dir seinen Segen schenken!« *(Astuac ōrhnē kez)*. Wenn ein Geistlicher auf Leute trifft, sagt er »Ich grüße euch alle!« *(vołǰuyn jez)*. Zölibatäre Geistliche aller Ränge werden mit dem Satz begrüßt: »Gott helfe dir!« *(Asduac ōgnakan)*, und sie antworten: »Möge Gott dich schützen!« *(Asduac pahapan)*. Wenn ein Geistlicher ein Haus oder eine Versammlung verlässt, sagt er: »Bleibt in Frieden!« *(mnac'ēk' xałałut'emb)*.

Der Klerus erhält seine theologische Grundausbildung und seine priesterliche Prägung in Priesterseminaren. Der Heilige Stuhl von Etschmiadsin unterhält zwei Seminare in Armenien, eines im Hl. Etschmiadsin und das andere in Sevan; der Heilige Stuhl von Kilikien unterhält ein Seminar in Bikfaya und eine Schule zur Ausbildung von verheirateten Priestern in Antelias im Libanon. Das armenische Patriarchat in Jerusalem unterhält ein Seminar in Jerusalem. Das Seminar des armenischen Patriarchates in Konstantinopel wurde 1971 von der türkischen Regierung geschlossen. Außer Allgemeinbildung vermitteln diese theologischen Seminare Grundkurse in Armenologie und Theologie. Viele Geistliche erhalten ihre höhere theologische Ausbildung an Universitäten und theologischen Hochschulen im Nahen Osten, in Europa und in Nordamerika.

Strukturen zur Entscheidungsfindung

Seit der Entstehung der Armenischen Kirche haben sich die Laien an allen Aspekten ihrer Aktivitäten, einschließlich der Wahlen der Bischöfe und der Katholikoi, sowie an Entscheidungen beteiligt, die theologische, kanonische, jurisdiktionelle und administrative

Angelegenheiten betreffen. Zu Beginn folgte diese Teilhabe keiner genauen Regel. Die administrativen, synodalen und funktionalen Organe der Armenischen Kirche nahmen erst im 19. Jahrhundert definitive Formen an. Dies geschah mit der Schaffung von zwei Verfassungen, das *Položenie* von 1836 durch Russland für die Armenische Kirche in Armenien und der *Armenischen Nationalverfassung* von 1863 durch die osmanisch-türkische Regierung für die Armenische Kirche im Osmanischen Reich. In Armenien wurde die Teilnahme von Laien an kirchlichen Angelegenheiten stark reduziert, während die osmanischen Behörden die Rolle der Laien in kirchlichen Angelegenheiten und Entscheidungsfindungsprozessen stärkten und erweiterten. In beiden Fällen setzen sich die gleichen Muster bis heute fort. Die entscheidungsfindende Struktur des Heiligen Stuhls von Etschmiadsin stützt sich weitgehend auf das *Položenie* und ist daher durch eine klerusorientierte Verwaltung und Entscheidungsfindung gekennzeichnet; nur wenige seiner Diözesen in der Diaspora folgen den Grundprinzipien der *Nationalverfassung*. Die konziliaren Strukturen und der Entscheidungsprozess des Heiligen Stuhls von Kilikien, einschließlich seiner Diözesen, sind stärker laienzentriert und stützen sich ausschließlich auf die *Nationalverfassung*.

Das folgende System der Entscheidungsfindung wird vom Heiligen Stuhl in Kilikien und den Diözesen unter seiner Jurisdiktion praktiziert:

- Die *Nationale Delegiertenversammlung* wird aus einem Drittel Geistlichen und zwei Dritteln Laienvertretern konstituiert. Die Nationalen Diözesandelegiertenversammlungen wählen die Laiendelegierten, deren Anzahl nach der zahlenmäßigen Größe jeder Diözese festgesetzt wird. Zölibatäre Priester werden von der Versammlung der Mönchsgemeinschaften gewählt, während verheiratete Priester vom Geistlichen Rat oder der Diözesanversammlung des Klerus gewählt werden. Die Diözesanbischöfe sind *ex officio* Delegierte ihrer Diözesen. Die Nationale Delegiertenversammlung wird nur für die Wahl des Katholikos von Kilikien einberufen. Eine ähnliche Versammlung, die *Nationalkirchliche Synode (Azgayin Yekełec'akan Žołov)*, konstituiert sich am Heiligen Stuhl von Etschmiadsin für die Wahl des dortigen Katholikos.

- Die *Nationale Generalversammlung* ist das oberste legislative Gremium der Armenischen Kirche des Großen Hauses von Kilikien. Die Delegierten der Versammlung werden von den Nationalen Diözesandelegiertenversammlungen im Verhältnis von einem Mitglied des Klerus zu sechs Laiendelegierten gewählt. Die Anzahl der Delegierten wird von der zahlenmäßigen Größe der jeweiligen Diözese bestimmt; Diözesanbischöfe sind *ex officio* Delegierte. Die Mönchsgemeinschaften beteiligen sich mit zwei Delegierten. Die Delegierten des Klerus werden von den Diözesen gewählt, die sie vertreten. Die Nationale Generalversammlung kommt in der Regel einmal alle vier Jahre zusammen, um die gesamte Arbeit der Diözesen und des Katholikossats zu überprüfen sowie Prioritäten und Richtlinien für die nächste Periode zu setzen. Ein ähnliches synodales Gremium, die *Kirchliche Delegiertenversammlung*, trifft sich am Heiligen Stuhl von Etschmiadsin, wann immer es notwendig ist.
- Der *Zentralrat* wird von der Nationalen Generalversammlung gewählt und ist das Exekutivgremium. Er besteht aus zwei Räten, dem *Geistlichen Rat* und dem *Laienrat*, die beide die gleiche Mitgliederzahl aufweisen; ihr Mandat dauert jeweils bis zur nächsten Generalversammlung. Der *Geistliche Rat* befasst sich mit Fragen der Theologie und Liturgie, mit zwischenkirchlichen und interreligiösen Beziehungen, mit Fragen im Blick auf Kirche und Gesellschaft, christlicher Erziehung, Priesterausbildung, Jugend und Frauen, mit pastoralen Fragen als auch mit sozialethischen Themen. Auf der Tagesordnung des *Laienrats* stehen vor allem administrative und finanzielle Fragen. Die beiden Räte können gemeinsame Sitzungen abhalten, um das gesamte Leben der Kirche zu organisieren, vor allem bei dringend anstehenden Problemen, Anliegen und Projekten im Zusammenhang mit dem Katholikossat. Diesem Zentralrat entspricht am Heiligen Stuhl von Etschmiadsin die *Oberste Geistliche Synode (Geraguyn Hogevor Xorhurd)*, deren Mitglieder vom Katholikos ernannt werden und mit Geistlichen und Laien

im selben Verhältnis besetzt ist. Er befasst sich ebenfalls mit allgemeinen kirchlichen Angelegenheiten.

Die Diözesen und Gemeinden folgen demselben System der Verwaltung und Entscheidungsfindung:

- Die *Nationale Diözesandelegiertenversammlung* ist das legislative Gremium einer Diözese. Die Kriterien für die Laien- und die Klerusvertretung sind dieselben wie diejenigen für die Nationale Generalversammlung. In einigen Diözesen werden die Laiendelegierten direkt von den Gläubigen gewählt, während sie in anderen von den Gemeindeversammlungen gewählt werden. Die Delegierten des Klerus werden entweder vom diözesanen Geistlichen Rat oder von der diözesanen Versammlung der Geistlichen gewählt. Die Nationale Diözesandelegiertenversammlung kommt mindestens einmal im Jahr zusammen, um die Aktivitäten der Diözese auszuwerten und Prioritäten für die nächste Periode festzusetzen. Der Diözesanbischof wird von der Nationalen Diözesandelegiertenversammlung auf Basis einer vom Katholikos vorgelegten Liste mit drei Namen gewählt. Kanonisch gesehen wird der Diözesanbischof auf Lebenszeit gewählt; in den letzten Jahrzehnten jedoch haben einige Diözesen seine Amtszeit auf vier oder sechs Jahre beschränkt, wobei eine Wiederwahl möglich ist.
- Der *Diözesanrat* ist das Exekutivgremium einer Diözese und wird von der Nationalen Diözesandelegiertenversammlung für zwei Jahre gewählt. Er besteht aus zwei verschiedenen Gremien, dem *Geistlichen Rat* und dem *Laienrat*, die beide die gleiche Mitgliederzahl haben. Ersterer befasst sich mit religiösen Fragen und zweiterer mit den Finanzen und der Administration, wobei er sich der Hilfe von Fachausschüssen bedient. Falls es notwendig erscheint, tagen sie gemeinsam.
- Die *Gemeindeversammlung* setzt sich aus Mitgliedern einer Gemeinde zusammen. Sie wählt den Gemeinderat und evaluiert alle Aktivitäten der Gemeinde. Sie kommt in der Regel ein- oder zweimal pro Jahr zusammen.

- Der *Gemeinderat* wird in einigen Diözesen direkt von den Mitgliedern einer Gemeinde durch öffentliche Abstimmung gewählt; in anderen Diözesen wird er von der Gemeindeversammlung gewählt. Er setzt sich aus Laien zusammen, und sein Mandat besteht darin, alle Aspekte des Lebens und der Arbeit der Gemeinde zu organisieren und zu beaufsichtigen.

Außer diesen funktionalen Strukturen auf der globalen, diözesanen und gemeindlichen Ebene bezieht das synodale Leben der Armenischen Kirche auch folgende Gremien ein:

- Die *Bischofssynode* tritt zusammen, um theologische, die kirchliche Lehre betreffende, liturgische, ethische und kanonische Fragen zu erörtern. Es handelt sich nicht um ein stehendes Gremium, sondern der Rat wird einberufen, wenn es sich als notwendig erweist. In der Vergangenheit wurden Fragen der Theologie und der Liturgie, der Ethik, der Kanonistik und der Lehre mit der aktiven Beteiligung von Laien aus allen Lebensbereichen besprochen und entschieden. Diese Praxis sollte als konkreter Ausdruck des Mitbestimmungscharakters im Entscheidungsfindungsprozess der Armenischen Kirche eingehalten werden.
- Die *Versammlungen der Mönchsgemeinschaften* sind mit den jeweiligen hierarchischen Sitzen verbunden. Eine Mönchsgemeinschaft bzw. eine Bruderschaft besteht aus zölibatären Geistlichen aller Ränge. Jede Mönchsgemeinschaft hat seine eigenen Statuten, die das interne monastische Leben der Mitglieder und ihre Aktivitäten regeln. Einige der Mitglieder der Bruderschaften dienen am Hauptsitz der Kirche, andere in Diözesen als Diözesanbischöfe, Priester, Lehrer und Prediger.

Alle Exekutivorgane sind den sie wählenden Versammlungen rechenschaftspflichtig. Sie können spezielle Ad-hoc-Ausschüsse ernennen, um sich mit spezifischen Fragen oder Projekten zu beschäftigen.

Der Katholikos, der Diözesanbischof und der Priester sind *ex officio* Vorsitzende aller entscheidungsfindenden Strukturen auf ihrer jeweiligen Ebene. Sowohl der Klerus als auch die Laien einer Gemeinde sind gegenüber der Diözese rechenschaftspflichtig, diese wiederum gegenüber dem Katholikossat bzw. dem Katholikos. Von Anfang an, trotz der unterschiedlichen politisch-religiösen Kontexte, war die Armenische Kirche von demokratischen Konzepten und Praktiken sowie synodalen Formen der Entscheidungsfindung geprägt. Die Struktur der Autorität der Kirche gleicht nicht einer Pyramide, sondern ist kollegial, und ihre Entscheidungsfindung erfolgt nicht autokratisch, sondern demokratisch. Der partizipatorische Mitbestimmungscharakter der Armenischen Kirche ist eine ihrer herausragenden Eigenschaften. Tatsächlich spielen alle Mitglieder der Armenischen Kirche, Klerus und Laien, unabhängig von Geschlecht und Alter, in allen Bereichen und auf allen Ebenen eine aktive Rolle bei der Entscheidungsfindung der Kirche.[2]

Hierarchische Sitze

In der Armenischen Kirche gibt es vier hierarchische Sitze: zwei Katholikossate und zwei Patriarchate. Diese etwas seltsame Situation lässt sich auf historische Umstände zurückführen.

Das Katholikossat Aller Armenier oder der Heilige Stuhl von Etschmiadsin

Das Katholikossat, wo der Katholikos residiert, ist der spirituelle und administrative Hauptsitz der Armenischen Kirche. Wie Patriarch Małak'ia Ōrmanian, ein bekannter Historiker der Armenischen Kirche, zu Recht herausstellt, hat das Katholikossat seine Bezeichnung nie von einem festen Standort abgeleitet und ist immer, unabhängig von seiner Lage, das Katholikossat Aller Ar-

[2] Für die Strukturen zu Entscheidungsfindung siehe *Anhang C*.

menier[3] genannt worden. Aus verschiedenen Gründen ist das Katholikossat dennoch mit einem Ort verbunden, obwohl seine Zuständigkeit und Autorität über diesen Ort hinausgehen. Nach der Entstehung der beiden Katholikossate innerhalb der Armenischen Kirche wurde Etschmiadsin das Katholikossat Aller Armenier, weil dies der Ort des ursprünglichen Sitzes des Katholikossats war. Es wurde auch als Heiliger Stuhl von Etschmiadsin, Muttersitz oder Katholikossat des Hl. Etschmiadsin bezeichnet. Ebenso wurde das Katholikossat des Großen Hauses von Kilikien aufgrund seines langen Bestehens im kilikischen Sis manchmal das armenische Katholikossat von Kilikien, das Katholikossat aller Armenier von Kilikien oder das Katholikossat von Sis genannt.

Der hl. Gregor der Erleuchter, der erste Katholikos, und seine unmittelbaren Nachfolger hatten ihre Residenz in Etschmiadsin. Mit dem Wechsel der Zentren des politischen Lebens und unter dem Druck von politischen sowie die Sicherheit betreffenden Faktoren wechselte das Katholikossat im Laufe der Geschichte mehrmals seinen Sitz. Doch allen Umständen zum Trotz bewahrte die Kathedrale des Hl. Etschmiadsin als das Symbol der offiziellen Bekehrung Armeniens zum Christentum ihre tiefe spirituelle Symbolik und ihre historische Bedeutung. Bevor das Christentum als Staatsreligion anerkannt wurde, lag das Zentrum der Armenischen Kirche laut den Historikern in Artaz (43–300). Gregor der Erleuchter errichtete das Katholikossat im Hl. Etschmiadsin in Vałaršapat, der Hauptstadt Armeniens. Nachdem das Katholikossat fast zweihundert Jahre lang (302–485) in Etschmiadsin residiert hatte, zog es innerhalb Armeniens um nach Dvin (485–927), dann nach Joravank‘ (927–930), Ałt‘amar (931–949), Arkina (949–992) und Ani (992–1062); sodann nach Sebastia (1051–1057) in der Nähe von Kilikien sowie später nach Kilikien selbst, wo es sich in T‘awblur (1062–1072), Camntaw (1072–1116), Šułr (1105–1120), Covk‘ (1116–1147) als auch in Hṙomkla (1147–1293) nie-

[3] Małak‘ia Ōrmanian, The Church of Armenia, aus dem Englischen übers. von G. M. Gregory, London 1955, 37.

derließ und sich schließlich 1293 in Sis, der Hauptstadt des armenischen Königreiches von Kilikien, etablierte.

Nachdem das armenische Königreich von Kilikien 1375 zerfallen war, wurde Kilikien zum Schlachtfeld einfallender Seldschuken, Mameluken, Tartaren und anderer Mächte. Die Lage verschlechterte sich außerdem durch den zunehmenden lateinischen Einfluss auf die Armenische Kirche, ermöglicht durch die Offenheit des kilikischen Klerus gegenüber dem Westen. In Armenien hingegen herrschten relativ friedliche Bedingungen, wo der Klerus konservativ geprägt war und sich von den Lateinern distanzieren wollte. Diese Spannung stellt höchstwahrscheinlich den Grund dafür dar, dass 1441 im Hl. Etschmiadsin Kirakos I. Virapec'i (1441–1443) zum Katholikos gewählt wurde, während in Sis in Kilikien weiterhin Katholikos Gregor IX. Musabēkianc' (1439–1446) residierte. Ab 1441 gab es daher zwei Katholikoi in der Armenischen Kirche, welche dieselben Rechte und Privilegien sowie ihre jeweilige Jurisdiktion beanspruchten.

Das Katholikossat des Großen Hauses von Kilikien oder der Heilige Stuhl von Kilikien

Wie bereits erwähnt, wurde das Katholikossat aufgrund der politischen Unsicherheiten, nachdem es seinen Standort in Armenien schon mehrmals gewechselt hatte, Mitte des 11. Jahrhunderts von Armenien nach Kilikien verlegt. Die Beweggründe für die Wahl eines neuen Katholikos im armenischen Etschmiadsin im Jahr 1441, während ein legitimer Nachfolger des hl. Gregor des Erleuchters in Sis in Kilikien residierte, sind unklar. Die Quellen aus der damaligen Zeit zeigen ein verschwommenes Bild der internen Bedingungen, die den Klerus in Armenien dazu bewegten, einen weiteren Katholikos zu wählen. Historiker und Gelehrte haben eine Reihe von Erklärungen vorgeschlagen: Der Klerus in Armenien habe Katholikos Gregor IX. Musabēkianc' eingeladen, seinen Sitz ins Hl. Etschmiadsin zu verlegen, dieser aber habe Vorbehalte aufgrund der starken armenischen Präsenz in Kilikien gehabt, auch wegen seines vorgerückten Alters sei er dieser Einladung nicht gefolgt; der Klerus in Armenien habe einen neuen Katholikos im Hl. Etschmiadsin gewählt, ohne Katholikos Gregor IX. Musabēkianc' zu konsultieren; im Blick auf die geopolitische Spaltung der Nation seien sich der Klerus in Kilikien und der Klerus in Armenien mit der Zustimmung von Katholikos Musabēkianc' darüber einig gewesen, dass die Kirche von zwei Katholikoi geleitet werden solle. Das Fehlen konkreter Fakten, eindeutiger Beweise und gut fundierter Gründe und Argumente hat zu subjektiven und spekulativen Interpretationen geführt. Der Klerus in Armenien entwickelte den Begriff der »Rückkehr« des Katholikossats nach Armenien – eine Vorstellung, die vom Klerus in Kilikien heftig angefochten wurde. Jedenfalls tauschten nach der Wahl von Kirakos I. Virapec'i in Armenien die beiden Katholikoi brüderliche Grüße aus, und die unteilbare Einheit der Armenischen Kirche wurde besiegelt.[4] Dieses starke Engagement für die Einheit der Kirche überlebte die schwierigen geopolitischen Bedingungen in den folgenden Jahrhunderten. Das Katholikossat in Kilikien behielt seinen Sitz in Sis bis 1921. Aufgrund der tragischen, durch den armenischen Völkermord 1915 geschaffenen Situation und des erzwungenen Exodus des armenischen Klerus aus dem Katholikossat in Sis sowie des armenischen Volkes aus Kilikien und Ostarmenien wurde der Sitz des Katholikossats nach einer Periode der Unsicherheit 1930 in Antelias, einem Vorort von Beirut, errichtet.[5]

Das Patriarchat von Jerusalem

Die armenische Präsenz in Jerusalem geht bis ins 4. Jahrhundert zurück, als Armenier Pilgerfahrten ins Heilige Land unternahmen und armenische Mönche sich dort ansiedelten. 638 setzten die Armenier ihren eigenen Erzbischof ein, der Verantwortung für die armenischen Klöster und Kirchen im Heiligen Land übernehmen

[4] Siehe *Anhang E* für eine Auflistung der Katholikoi.
[5] Siehe *Anhang D* für die Sitze der Katholikossate.

sollte. Erzbischof Abraham wurde vom Kalifen anerkannt und amtierte bis 669. Im Jahr 1311 verlieh der Sultan von Ägypten dem armenischen Erzbischof Sargis von Jerusalem den Titel eines Patriarchen. 1853 gewährte der osmanische Sultan Abdülmecid I. den armenischen, griechischen und lateinischen Patriarchaten den Status eines Kustos der Kirchen und heiligen Stätten.

Der arabisch-israelische Krieg und die Abwanderung der Armenier aus dem Heiligen Land, aus Jaffa und Haifa, verursachten dem Patriarchat, das sich im armenischen Viertel der Altstadt von Jerusalem befindet, große Schwierigkeiten. Trotzdem behielt es weiterhin seine Rechte und Privilegien in Bezug auf die Grabeskirche, die Himmelfahrtskapelle, das Mariengrab und die Geburtsbasilika in Bethlehem. Das Patriarchat besitzt noch heute alte Kirchen, Klöster und religiöse Stätten in Jerusalem, Jaffa, Haifa und Ramleh. Nach bestehender Tradition finden in den Kirchen an den heiligen Stätten Gottesdienste zu festgelegten Zeiten statt. Das Patriarchat übt die geistliche Jurisdiktion über die armenischen Gemeinschaften in Israel, Palästina und Jordanien aus. Der Thron des armenischen Patriarchen ist über der Stelle errichtet, an der – so glaubt man – das Haus des Jakobus des Gerechten, des ersten Bischofs von Jerusalem, stand. Daher bezeichnet man das armenische Patriarchat auch als das Kloster des hl. Jakobus und als den Apostolischen Stuhl der Armenier in Jerusalem. Der derzeitige Patriarch, Nourhan Manougian, ist seit 2013 im Amt und ist der 97. armenische Patriarch von Jerusalem.

Das Patriarchat von Konstantinopel

Dieser hierarchische Sitz der Armenischen Kirche wurde 1461 von Sultan Mehmet II. errichtet, nachdem Konstantinopel an die Türken gefallen war. Der erste Patriarch war Yovakim I. Die armenischen Patriarchen übten ihr Amt unter schwierigen Bedingungen aus, weil sie dem ständigen Eingreifen des Staates in ihre internen Angelegenheiten ausgesetzt waren. Einige der Patriarchen wurden abgesetzt und verbannt, weil sie die den Armeniern von den Staatsbehörden auferlegten Gängelungen anprangerten. Das Patriarchat wurde zum nationalen Zentrum des armenischen Lebens, vor allem nachdem die *Nationalverfassung* geschaffen wurde. Nach dem armenischen Völkermord verlor das Patriarchat viel von seiner alten Vitalität; sein Priesterseminar wurde geschlossen, der Kirchenbesitz beschlagnahmt. Außerdem wurden kirchlichen und gemeinschaftsbezogenen Institutionen und ihren Aktivitäten schwere Einschränkungen auferlegt. Trotz dieser schwierigen Geschichte setzt das Patriarchat seinen pastoralen Auftrag für die Armenier in der Türkei fort. Der derzeitige Patriarch, Sahag II. Maschalian, ist seit 2019 im Amt und ist der 85. armenische Patriarch von Konstantinopel.

Im Laufe der Geschichte – sei es aus politischen Gründen oder wegen persönlicher Rivalitäten und Ambitionen – wurden einige kurzlebige Katholikossate errichtet, und die Katholikoi mit lokaler Autorität wurden entweder von armenischen oder nichtarmenischen Herrschern ernannt bzw. vom Klerus vor Ort gewählt. Unter diesen Katholikossaten konnte sich nur das *Katholikossat von Ałtʿamar*, im 12. Jahrhundert an der Peripherie der Armenischen Kirche errichtet, bis zum Tod seines letzten Katholikos 1895 halten.

Die Katholikossate und Patriarchate der Armenischen Kirche sind nicht nur Verwaltungszentren. In diesen Zentren findet eine Vielfalt von Aktivitäten statt. Sie schließen die Residenz des Katholikos oder des Patriarchen ein, sowie Büros, Kirchen und Kapellen, ebenso die Gebäude der Mönchsgemeinschaften sowie Bibliotheken, Museen, Archive mit wertvollen Manuskripten, Gästehäuser, Druckereien und Dienststellen für christliche Erziehung, Jugend, Frauen, soziale Dienste, Veröffentlichungen und Kommunikation. Unter diesen Ressorts nimmt das theologische Seminar einen wichtigen Platz ein. Die hierarchischen Sitze geben ihre offiziellen Monatszeitschriften heraus: der Heilige Stuhl von Etschmiadsin die Zeitschrift *Ējmiacin*, der Heilige Stuhl von Kilikien *Hask*, das Patriarchat von Jerusalem *Sion* und das Patriarchat von Konstantinopel *Šołakatʿ*.

Zwei Katholikossate in einer Kirche

Die Existenz zweier Katholikossate in einer Kirche, aber in unterschiedlichem politisch-religiösen Umfeld, sowie zweier Katholikoi, die ihr Amt unter sehr komplexen und kritischen Bedingungen ausüben und dabei unterschiedlichen Herausforderungen und Prioritäten ausgesetzt sind, hat zuweilen zu Spannungen und Kontroversen innerhalb der Armenischen Kirche geführt, die das Leben unseres Volkes berührten. Die Beziehungen zwischen den beiden Katholikossaten waren in der Zeit, als Armenien unter dem zaristischen Russland lebte und Kilikien unter osmanischer Herrschaft stand, durchaus angespannt; in der Zeit, als Armenien einen Teil der Sowjetunion bildete, war ein Großteil der Diaspora stark antisowjetisch eingestellt. Auch jurisdiktionelle Fragen vertieften die Auseinandersetzungen zwischen den beiden Katholikossaten. Trotz dieser Spannungen dienten beide Katholikossate seit 1441 als unabhängige kirchliche Zentren treu der Armenischen Kirche und dem armenischen Volk, indem sie die Autorität und Jurisdiktion des jeweils anderen anerkannten. Der Ehrenprimat *(primus inter pares)* des Hl. Etschmiadsin wurde vom Heiligen Stuhl von Kilikien stets anerkannt. Die beiden Katholikoi sind gleichrangig und besitzen die gleiche kirchliche Autorität und Verantwortung sowie dieselben Rechte und Privilegien innerhalb der Armenischen Kirche.

Um die brüderlichen Beziehungen der beiden Katholikossate zu stärken und der inneren Einheit der Kirche mehr Sichtbarkeit zu verleihen, wurde 1941 beschlossen, dass die Katholikossate je zwei Delegierte entsenden, um an der Wahl des jeweils anderen Katholikos teilzunehmen. In den folgenden Jahren vertieften gegenseitige Besuche und Tagungen gemischter Kommissionen das beiderseitige Verständnis. Mit der Wiedererlangung der Unabhängigkeit Armeniens im Jahr 1991 und durch häufige Treffen der beiden Katholikoi und des Klerus begannen die Katholikossate enger zusammenzuarbeiten. Konkrete Zeugnisse der Einheit der Armenischen Kirche wurden in der Tat bei der gemeinsamen Feier des 1700. Jahrestages der offiziellen Bekehrung Armeniens zum Christentum im Jahr 2001 sichtbar, ebenso durch die gemeinsamen Treffen der Bischofskonferenzen der beiden Katholikossate 2013 und 2014, bei der Gedenkfeier zum hundertsten Jahrestag des Völkermords an den Armeniern und der Heiligsprechung der Märtyrer[6] des armenischen Genozids im Jahr 2015 sowie durch die aktive Beteiligung der beiden Katholikossate an einer Reihe von Initiativen, Projekten und Maßnahmen auf panarmenischer Ebene.

Der verstorbene Katholikos Karekin II. des Heiligen Stuhls von Kilikien, der mein Professor für armenische Kirchengeschichte war, beschrieb diese Situation deutlich:

> »Die beiden Katholikossate bestehen seit 1441 in der Armenischen Kirche als ausgeprägte, unabhängige Sitze. Sie haben den Status und die Jurisdiktion des jeweils anderen anerkannt … Sie sollten weder Opponenten noch Konkurrenten sein, sondern vielmehr kollegial agieren.«[7]

Ich stimme seiner scharfsinnigen und objektiven Bemerkung voll und ganz zu. In Anbetracht der sich verändernden Realitäten und Umstände sowie als Reaktion auf die zunehmende Besorgnis und die wachsenden Erwartungen unseres Volkes hoffe ich sehr, dass durch die engere Zusammenarbeit der beiden Katholikossate sowohl auf der diözesanen als auch der globalen Ebene und mithilfe von Führungskräften in Kirche und Gesellschaft die Fragen und Herausforderungen der Gegenwart, die viele Bereiche unserer Kirche betreffen, im Laufe der Zeit realistisch und ernsthaft angegangen werden können.

6 Dies war die erste Heiligsprechung in der Armenischen Kirche seit fast 400 Jahren.

7 Karekin Sarkissian, The Armenian Church in Contemporary Times, in: A. J. Arberry (Hg.), Religion in the Middle East, Bd. I, Cambridge 1969, 516.

Khatschkar in der Klosteranlage von Hałbat / Armenien.
Foto: Thomas Kremer.

III. Grundzüge des Glaubens

Der Glaube der Kirche wird durch die Heilige Tradition übermittelt und bewahrt. Die Bibel, die Traditionen der Alten Kirche, die Liturgie, die Doktrin, die Lehren der Ökumenischen Konzilien und die Schriften der Kirchenväter bilden gemeinsam die Tradition der Kirche. Diese Heilige Tradition umfasst daher die Kirche in ihrer Gesamtheit, bringt sie in all ihren Aspekten, Dimensionen und Manifestationen zum Ausdruck und sichert ihre Kontinuität in Zeit und Raum, *ad intra* und *ad extra*. Zwischen Tradition und Traditionen besteht ein qualitativer Unterschied: Während Tradition auf die Kernwerte des christlichen Glaubens hinweist, sind Traditionen lokale Bräuche und veränderbar. Die Bibel bildet den Kern der Heiligen Tradition. Die Doktrin, die die grundlegenden Wahrheiten des christlichen Glaubens enthält und bestimmt, nimmt einen besonderen Platz in der Heiligen Tradition ein. Die Theologie ist gleichsam der Verstand der Kirche; sie wirkt in der Heiligen Tradition und reagiert auf die sich verändernden Realitäten der Zeit und des jeweiligen Kontextes, aber immer auf der Basis der Grundzüge des christlichen Glaubens. Das dynamische Zusammenspiel zwischen Glaube und Vernunft, Geschichte und Kontext, zwischen dem Lokalen und dem Globalen ist von entscheidender Bedeutung bei der Gestaltung und Artikulierung der Theologie und der Lehre der Kirche, nämlich ihres Glaubens.

Das ständige Bemühen der Armenischen Kirche, in Treue zur Heiligen Tradition der Alten Kirche die wesentlichen Wahrheiten und den rechten christlichen Glauben inmitten der Umwälzungen der Geschichte und des Auftretens von Häresien unversehrt zu bewahren, hat ihr theologisches Denken und ihre lehrmäßige Einstellung stark beeinflusst. Der Glaube der Armenischen Kirche muss im Kontext dieses historischen Hintergrundes gesehen werden.

Ursprüngliche Quellen des Glaubens der Armenischen Kirche

Bibel:

Sie enthält Gottes Offenbarung in der Geschichte und ist die wichtigste Quelle des Glaubens der Kirche. Jeder Gedanke oder jede Erklärung bezüglich der Essenz des christlichen Glaubens, die nicht in den Lehren der Bibel verankert sind, gelten weder als glaubwürdig noch als rechtgläubig.

Ökumenische Konzilien:

Die Beschlüsse der ersten drei Ökumenischen Konzilien – Nicäa (325), Konstantinopel (381) und Ephesus (431) – sind wichtige Orientierungspunkte für die lehrmäßige Position und die theologischen Lehren der Armenischen Kirche.

Lokale Konzilien:

Hier geht es um die Konzilien der Armenischen Kirche. Ihre Ergebnisse und Entscheidungen spiegeln die Haltung der Kirche im Blick auf dogmatische, pastorale, moralische und kanonische Fragen wider.

Liturgie:

Die Liturgie der Armenischen Kirche bildet eine reiche Quelle des christlichen Glaubens. Sie basiert auf den Grundlagen der Liturgien der frühen Kirchenväter, hat sich im Laufe der Zeit weiterentwickelt und ist durch armenische Kirchenväter und Priester angereichert worden.

Exegetische Literatur:

Bibelexegese, die in der theologischen Literatur der Armenischen Kirche einen zentralen Platz einnimmt, ist eine wichtige Quelle der theologischen Reflexion und der Glaubenslehre.

Hagiographische Schriften:

Dieser Zweig der Theologie behandelt das Leben der Heiligen und die Zeugnisse der Märtyrer. Er liefert reiche theologische Einsichten zu den lebendigen Erfahrungen der Heiligen, Märtyrer und Zeugen.

Abhandlungen und Predigten:

Diese Schriften von Kirchenvätern beziehen sich auf eine Vielfalt von Aspekten und Themen, die sich grundsätzlich mit Fragen des täglichen Lebens der Kirche befassen, wie christliche Erziehung, pastorale Angelegenheiten, moralische Anleitungen, liturgische Praktiken und Traditionen, Verehrung von Bildern und Heiligen sowie lehrmäßige Fragen und Widerlegung von Häresien.

Enzykliken, Hirtenbriefe, Briefwechsel und Glaubensbekenntnisse:

Angelegenheiten vorwiegend lehrmäßiger Natur werden in diesen Schriften behandelt. Die meisten von ihnen sind im *Siegel des Glaubens (Knik‘ Hawatwy)*, im *Buch der Briefe (Girk‘ T‘łt‘oc‘)* als auch im *Buch der Fragen (Girk‘ Harc‘manc‘)* enthalten, die von entscheidender Bedeutung für die theologische Lehre und Doktrin der Armenischen Kirche sind.

Historiographie:

Obwohl sich diese Schriften mit der Geschichte des armenischen Volkes und der Kirche befassen, enthalten sie wichtige Hinweise für theologische Fragestellungen.

Charakteristische Merkmale des theologischen Denkens in der Armenischen Kirche

Biblisch-zentrierte Theologie

Als die Quelle der göttlichen Offenbarung bietet die Bibel eine solide Grundlage und den maßgeblichen Kontext für die Theologie. Alle Aspekte und Dimensionen des theologischen Denkens und der dogmatischen Lehre der Armenischen Kirche sind von der Bibel inspiriert und in ihr verwurzelt. In der Tat basiert die armenische Theologie auf der Bibel und wird von ihr vorangetrieben. Das armenische Wort für die Bibel ist *Astuacašunčʿ*, was »Atem Gottes« bedeutet. Der Verfasser des Inhalts der Bibel ist Gott selbst und hierin liegt ihre Unfehlbarkeit und Autorität, wohingegen die Verfasser ihrer Form vom Heiligen Geist inspirierte Menschen waren. Daher ist die Exegese der Bibel unerlässlich, um eine fundierte, glaubwürdige und rechtgläubige Grundlage und einen Kontext für theologische Reflexion zu gewährleisten, und diese Aufgabe obliegt der Kirche.

Apologetische Theologie

Ziel der Theologie ist es, Gottes Offenbarung zu erläutern, ihre Relevanz für konkrete Situationen aufzuzeigen und jegliche Versuche zu dementieren, die ihre Autorität infrage stellen und ihre Verlässlichkeit untergraben. In frühen Jahrhunderten, als häretische Bewegungen Zweifel an der Rechtgläubigkeit des christlichen Glaubens aufkommen ließen, überwog der apologetische Ansatz im theologischen Denken. Dieser Trend dominierte in der armenischen Theologie, da die Kirche mit Häresien kämpfen und ihren Glauben verteidigen musste. Im Laufe der Zeit kam die Armenische Kirche direkt oder indirekt mit einer Reihe von häretischen Bewegungen in Berührung. Sie verurteilte diese offiziell oder stellte sich deutlich gegen sie, vor allem bei folgenden Häresien: Adoptianismus (2. Jh.), Gnostizismus (3. Jh.), Manichäismus (3. Jh.),

Sabellianismus (3. Jh.), Arianismus (4. Jh.), Apollinarianismus (4. Jh.), Nestorianismus (5. Jh.), Eutychianismus (5. Jh.), Monophysitismus (5. Jh.), Monotheletismus (7. Jh.), Paulikianismus (7.–9. Jh.), Ikonoklasmus (8. Jh.), Tondrakianismus (9.–11. Jh.) und Unitarianismus (17.–18. Jh.).

Christozentrische Theologie

Wegen langer und heftiger Kontroversen über die Naturen Christi nahm die Christologie in der christlichen Theologie vom 5. bis zum 14. Jahrhundert eine zentrale Stellung ein. Aufgrund entschiedener Opposition gegen die chalcedonische Christologie und des ständigen Bemühens, die christologische Lehre der Armenischen Kirche zu erklären und zu verteidigen, entwickelte sich die armenische Theologie hauptsächlich anhand christologischer Fragen, vor allem in Bezug auf die Person Christi. Daher wurde der christozentrische Ansatz zu einer dominanten Eigenschaft der armenischen Theologie.

Mystische Theologie

Verfolgung, Leid und Martyrium, die zu permanenten Aspekten des armenischen christlichen Lebens geworden sind, haben die Theologie der Armenischen Kirche geprägt und durchdrungen. Gleichzeitig hat das wachsende Mönchtum die mystischen und kontemplativen Ansätze und Strömungen im theologischen Denken der Kirche deutlich gestärkt.

Von den ersten sieben Konzilien, die als ökumenisch bezeichnet und von den östlich-orthodoxen Kirchen anerkannt werden, hat die Armenische Apostolische Kirche die ersten drei akzeptiert: Nicäa (325) gegen den Arianismus, Konstantinopel (381) gegen den Apollinarianismus und Ephesus (431) gegen den Nestorianismus. Sie hat das Konzil von Chalcedon (451) gegen den Eutychianismus formell abgelehnt und zu den Konzilien von Konstantinopel II (553) gegen die »Drei Kapitel«, von Konstantinopel III (681) gegen den Monotheletismus und von Nicäa II (787) gegen den Ikonoklasmus keine offizielle Stellung bezogen. Im Großen und Ganzen steht die armenische Theologie in Einklang mit der Theologie der östlich-orthodoxen Kirchen, mit Ausnahme der christologischen Lehre des Konzils von Chalcedon. Der Armenischen Kirche zufolge definierten die ersten drei Ökumenischen Konzilien die Grundlagen des christlichen Glaubens, während die folgenden Konzilien keine bedeutenden Elemente zur Lehre dieser Konzilien hinzufügten; sie haben deren grundlegende Lehren entweder neu interpretiert oder bestätigt. Die armenische Theologie und ihre Lehre wurden auf der Grundlage der ersten drei Ökumenischen Konzilien ausgearbeitet und gestaltet.

Ein Ökumenisches Konzil ist eine Zusammenkunft der gesamten Kirche und bringt den gemeinsamen Geist der Kirche zum Ausdruck. Es wird vom Heiligen Geist geleitet und ist daher unfehlbar, seine Lehraussagen und Kanones sind verbindlich. Die Ökumenischen Konzilien wurden einberufen, um Häresien, die den Glauben der Kirche bedrohten, mit Kirchenbann zu belegen, den wahren Glauben zu bestimmen und verkünden sowie die Einheit der Kirche zu bewahren. Das *Glaubensbekenntnis von Nicäa-Konstantinopel* ist die Grundlage für die theologische und dogmatische Lehre der Armenischen Kirche und wird bei jeder Eucharistiefeier feierlich rezitiert. Die Armenische Kirche verwendet ferner zwei weitere Glaubensbekenntnisse: das *Bekenntnis des Orthodoxen Glaubens*, das eine Zusammensetzung des Athanasianischen und des Nicänischen Glaubensbekenntnisses ist und in der Regel zu Beginn des Nachtgebets am Sonntag, während des Sonnenaufgangsgebets und während der Priester- und Bischofsweihe verlesen wird; das andere ist die Zusammenfassung des *Apostolischen Glaubensbekenntnisses*, das zu Beginn der Spendung des Taufsakraments vorgetragen wird.

Die ersten Ökumenischen Konzilien und ihre Bedeutung für die Armenische Kirche

Um das Wesentliche des Glaubens der Armenischen Kirche besser verstehen zu können, ist es wichtig, einen kurzen Blick auf die Lehre der ersten drei Ökumenischen Konzilien zu werfen und die Lehreinstellung der Armenischen Kirche zu verdeutlichen:

1. Das *Konzil von Nicäa* befasste sich mit der Art der innergöttlichen Beziehung zwischen dem Vater und dem Sohn. Arius (256–336) war der Urheber einer umstrittenen Lehre, die in der Kirchengeschichte als Arianismus bekannt wurde. Arius zufolge ist Gott einer, er ist der Oberste, er ist der Schöpfer, und aus Gott entsteht alles, auch der Sohn, der ihm untergordnet ist. Von daher kommt Arius zu dem Schluss, dass es eine Zeit gab, als der Sohn nicht war. In dem Versuch, die absolute Einzigartigkeit Gottes hervorzuheben, machte Arius Christus kleiner als Gott-Vater und gefährdete so die heilbringende Erlösung Christi. Das Konzil von Nicäa verurteilte den Arianismus als Häresie und verkündete den orthodoxen Glauben, indem es die ewige Koexistenz des Vaters und des Sohnes und damit auch die wesensgleiche Göttlichkeit des Sohnes bestätigte:

> »Wir glauben … an den einen Herrn Jesus Christus, Gottes eingeborenen Sohn, aus dem Vater geboren vor aller Zeit, Gott von Gott, Licht vom Licht, wahrer Gott vom wahren Gott, gezeugt, nicht geschaffen, eines Wesens mit dem Vater; durch ihn ist alles geschaffen im Himmel und auf Erden, alles Sichtbare und Unsichtbare.« (Nicänisches Glaubensbekenntnis)

Nach der Rezitation des Nicäno-Konstantinopolitanums sagt der Diakon in der armenischen Heiligen Messe:

> »Aber die da sagen: es war eine Zeit, in der der Sohn nicht war, oder: es gab eine Zeit, in der der Heilige Geist nicht war, oder: dass sie aus dem Nichts geschaffen seien; oder die da sagen: der Sohn Gottes oder der Heilige Geist sei von einer anderen Wesenheit hervorgebracht worden

und dem Wandel oder der Veränderung unterworfen, solche anathematisiert die katholische und apostolische Kirche.«

Dann rezitiert der Zelebrant die Doxologie, die auf Gregor den Erleuchter zurückgeht:

»Indem wir aber vor Gott niederfallen, wollen wir preisen die vor aller Ewigkeit seiende Heilige Dreifaltigkeit und die eine Gottheit des Vaters und des Sohnes und des Heiligen Geistes, jetzt und alle Zeit und von Ewigkeit zu Ewigkeit. Amen.«[1]

Katholikos Nersēs der Begnadete *(Nersēs Šnorhali)* (1166–1173), einer der bedeutendsten Denker der Theologie und Dogmatik der Armenischen Kirche, erklärt deren Lehren auf folgende Weise:

»Wir bekennen die allheilige Dreifaltigkeit, den Vater, den Sohn und den Heiligen Geist, unterteilt in drei Personen und vereint in einer Natur und Gottheit. Der Vater ist ungezeugt, ohne Anfang und vor aller Ewigkeit. Der Sohn ist vor aller Zeit makellos und unkörperlich aus der Natur des Vaters geboren. Der Heilige Geist geht aus dem Vater hervor, nicht wie der Sohn geboren, sondern wie aus einer Quelle ausströmend, was allein für ihn ergründbar und für Geschöpfe nicht erkennbar ist. Es gab keine Zeit, in der der Sohn und der Geist nicht mit dem Vater waren. Wie der Vater immer der Vater war und nicht hinterher die Vaterschaft erhielt, war der Sohn gleichermaßen immer der Sohn, zeitlos mit dem Vater, und der Heilige Geist war immer der Geist Gottes, untrennbar vom Vater und vom Sohn. [Die Heilige Dreifaltigkeit] ist als ein Wesen, eine Macht, ein Wille und eine schöpferische Energie in drei Personen zu verstehen, in der es weder Größe noch Kleinheit, weder Hoheit noch Niedrigkeit, weder Überlegenheit noch Minderwertigkeit gibt, aber [eine Gleichstellung im] Rang, im Dienst und in gegenseitiger Verehrung, wodurch alle erschaffenen Wesen aus dem Nichts entstanden sind; so wurden bei der ersten Schöpfung der

1 Ich habe unterschiedliche englische Übersetzungen für die liturgischen Texte benutzt (Divine Liturgy of the Armenian Apostolic Orthodox Church, New York 1950; The Divine Liturgy of the Armenian Apostolic Holy Church, New York 2008; General Confession, New York 2016) und einige Revisionen sowie geringfügige Änderungen vorgenommen.

> Himmel mit den himmlischen und die Erde mit den irdischen, den sichtbaren und den unsichtbaren Geschöpfen erschaffen …«[2]

Gemäß der armenischen Theologie ist Gott transzendent, immanent und auch dreifaltig. Der offenbarte Gott kann nicht außerhalb der drei Personen wahrgenommen werden. Gott ist die Dreieinigkeit in sich selbst (wesentliche Trinität); er handelt auch als Dreieiniger in seiner Offenbarung (ökonomische Trinität). Und die drei Personen der Heiligen Dreifaltigkeit teilen sich nicht nur ein und dasselbe Wesen *ad intra*, sondern auch das Handeln einer Person *ad extra* wird gleichermaßen von den anderen geteilt, wobei jede Person ihre Eigenschaften und ihre besondere Rolle bewahrt. Die Personen der Trinität handeln unterschiedlich gemäß ihrer spezifischen Rolle, aber nicht unabhängig voneinander. Die armenische Theologie hebt den umfassenden und ganzheitlichen Charakter des kreativen und erlösenden Handelns der Heiligen Dreieinigkeit hervor. Der Vater, der Sohn und der Heilige Geist sind konsubstantiell und wesensgleich *(homo-ousios)*, und somit auch Mitschöpfer, Mitarbeiter sowie eines Willens. Die Namen, die den drei Personen der Trinität gegeben werden, sind nicht als eine Aufzählung gedacht; sie behaupten die Individualität und Unverwechselbarkeit der Rolle jeder Person. Die intertrinitarische Einheit hat einen so geheimnisvollen Charakter, dass wir nicht von einem Ersten, Zweiten und Dritten sprechen können, denn das sind Begriffe, die uns nur durch die Sprache auferlegt werden. Diese grundlegende Bejahung der biblischen Theologie ist eines der wesentlichen Merkmale der armenischen Trinitätslehre.

Der dreieinige Gott handelt aus dem Vater durch den Sohn im Heiligen Geist. Die Monarchie des Vaters bedeutet nicht die Unterordnung des Sohnes und des Heiligen Geistes. Es ist eine Art Monarchie, die sich nur in der Trinität, durch die Trinität und für die Trinität äußert. Gottes Dreiheit kommt in der Einheit und Gottes Einheit in der Dreiheit zum Ausdruck. Gott ist ein Wesen *(ousia)*, aber Gottes Wesen ist weder in drei Personen *(hypostases)* geteilt

2 Aram I. Keshishian, St. Nersēs the Gracious and Church Unity, Antelias 2010, 105 f.

noch besteht es außerhalb der drei Personen. Der Sohn und der Heilige Geist sind mit dem Vater wesensgleich. Diese wichtige Lehre der orthodoxen Theologie teilt die Armenische Kirche voll und ganz.

2. Das *Konzil von Konstantinopel* befasste sich mit Fragen im Blick auf den Heiligen Geist. Makedonius (351–362) behauptete, dass der Heilige Geist ein Diener sei, aber nicht wirklich Gott. Als Reaktion auf falsche Interpretationen, die die Göttlichkeit des Heiligen Geistes leugneten, bekräftigte das Konzil von Konstantinopel die Göttlichkeit des Heiligen Geistes und die Gleichstellung der drei Personen in der Dreieinigkeit. Das *Glaubensbekenntnis von Nicäa* wurde überarbeitet und die Lehre des Konzils über den Heiligen Geist hinzugefügt:

> »Wir glauben auch an den Heiligen Geist, den unerschaffenen und vollkommenen, der durch das Gesetz, die Propheten und die Evangelien spricht; der aus dem Vater hervorgeht, der mit dem Vater und dem Sohn zusammen verehrt und verherrlicht wird.«

Die abgeänderte Form des Nicänischen Glaubensbekenntnisses wird als das *Glaubensbekenntnis von Nicäa-Konstantinopel* bezeichnet.

Der hl. Nersēs der Begnadete fasst die Lehren der Armenischen Kirche über den Heiligen Geist zusammen, indem er festhält:

> »Wir bekennen den Heiligen Geist als den wahren Geist Gottes. Und aufgrund seines Namens vergleichen wir ihn nicht mit den geschaffenen Geistwesen; ebenso vergleichen wir nicht den von Natur aus einzigen Sohn mit jenen, die aus Gnade zu Söhnen Gottes geworden sind (d.h. mit den Menschen). Dadurch, dass der [Heilige] Geist ›Geist Gottes‹ genannt wird, unterscheidet er sich von den geschaffenen Geistwesen. Aus dem Vater hervorgehend, der keinen Anfang hat, ist der Heilige Geist eine vollkommene Person ohne Anfang, für uns geschaffene Wesen unbegreiflich und unaussprechlich. Was den Grund seines Wesens angeht, so stammt er nur vom Vater ab. Was seine Eigenschaften und die Verteilung der Gnade betrifft, so gleicht er dem Vater und dem Sohn … Er hat keinen zeitlichen Beginn, noch ändert oder verändert er sich wie die Geschöpfe. Er ist der Erforscher der

> unergründlichen Tiefen Gottes und der Offenbarer seiner verborgenen Geheimnisse. Von Ewigkeit her ist er wesensgleich mit dem Vater und dem Sohn, teilt ihre Herrlichkeit und ist beteiligt an ihrer Schöpfung mit der gleichen Macht und Herrlichkeit.«[3]

Die armenische Pneumatologie lehrt, dass der Heilige Geist vom Vater allein ausgeht. Der Vater leitet sein Sein aus sich selbst ab, gebiert den Sohn und lässt den Heiligen Geist aus sich hervorgehen. Es war der armenischen Theologie ein wichtiges Anliegen, die Einzigartigkeit des Vaters als das einzige Prinzip, die Quelle und Ursache der Gottheit beizubehalten. Der Sohn und der Heilige Geist leiten ihre Existenz nicht von einem gemeinsamen Wesen ab, sondern von der Hypostase des Vaters. Die Armenische Kirche, ebenso wie die orthodoxen Kirchen, akzeptiert nicht das Hervorgehen des Heiligen Geistes aus dem Sohn *(filioque)*. Sie glaubt, dass ein solcher Ansatz zwei Ursachen, zwei Quellen und zwei getrennte Prinzipien in die Trinität einführen würde, was zum Ditheismus führt.

3. Das *Konzil von Ephesus* befasste sich mit Fragen in Bezug auf die Person Jesu Christi. Der Name, den man der Mutter Gottes gab – *Theotokos*, Gottesgebärerin – rief Kontroversen in der Kirche hervor. Das Argument war, dass Gott nicht von einem Menschen geboren werden könne und dass daher Maria die Mutter der menschlichen Natur Christi sei, und als solche müsse sie als *anthropotokos*, Mensch-Gebärende, oder als *Christotokos*, Christusgebärerin, bezeichnet werden. Die führende Gestalt dieses Ansatzes, Nestorius, Patriarch von Konstantinopel (386–451), verfolgte dieses Argument weiter und befürwortete die Präsenz von zwei getrennten Naturen, der göttlichen und der menschlichen, nebeneinander in Christus in einem solchen Ausmaß, dass er die Einheit der Person Christi gefährdete. Archimandrit Eutyches (380–456) jedoch bekämpfte diese Position heftig, betonte die eine Natur Christi und weigerte sich, zwei Naturen in Christus anzuerkennen. Kyrill, Patriarch von Alexandrien (376–444), betrachtete solche Interpreta-

[3] Ebd., 152 f.

tionen und Ansichten als unorthodox und betonte die Einheit der zwei Naturen in einer Person: »eine Natur des fleischgewordenen Wortes Gottes«. Das Konzil von Ephesus widerlegte die Lehren des Nestorius und Eutyches als Häresien und nahm die kyrillische Formel an, die zu einer entscheidenden Formulierung und zu einem wichtigen Bezugspunkt in den nachfolgenden christologischen Auseinandersetzungen wurde. Das gleiche Konzil bestätigte auch, dass Maria die Mutter Gottes ist.

Die Armenische Kirche wurde auf dem Ersten Ökumenischen Konzil von Katholikos Aristakēs vertreten, dem Sohn und Nachfolger des hl. Gregor des Erleuchters. Obwohl die Armenische Kirche aufgrund der politischen Situation in Armenien nicht am Zweiten und Dritten Ökumenischen Konzil teilnahm, erkannte sie die Lehren der drei Ökumenischen Konzilien an und anathematisierte all jene, die als Häretiker galten, und alle Lehren, die zu Häresien erklärt wurden.

4. Im Gegensatz zu den Entscheidungen der Konzilien von Nicäa und Konstantinopel wurden diejenigen des Konzils von Ephesus nicht einstimmig von der Kirche angenommen. Um die Christologie von Ephesus zu klären und die wachsende Kontroverse in der Kirche in Grenzen zu halten, wurde 451 das *Konzil von Chalcedon* einberufen. Indem das Konzil von Chalcedon Jesus Christus als wahren Gott und wahren Menschen bekannte und die Lehren des Eutyches und Nestorius erneut zurückwies, erklärte es, dass …

> »… ein und derselbe Jesus Christus, der eingeborene Sohn Gottes in zwei Naturen zu bekennen ist, unvermischt, unveränderlich, ungetrennt und unteilbar vereint, wobei wegen der Einung der Unterschied der Naturen keineswegs aufgehoben ist, vielmehr die besondere Eigenschaft jeder Natur … in einer Person bewahrt und vereint wird …«[4]

[4] Philip Schaff / Henry Wace (Hgg.), Nicene and Post-Nicene Fathers, Bd. 14: The seven ecumenical councils, Peabody Mass. 1994, 265. Für eine deutsche Übersetzung vgl. Josef Wohlmuth (Hg.), Concilium oecumenicorum decreta, Bd. 1/3, Paderborn 1998, 86.

Das Konzil versäumte es, die in der Kirche entstandene Wunde zu heilen, vielmehr vertiefte sie diese noch. Die Väter des Konzils gaben den Schlüsselworten, die im Hinblick auf die Person Christi benutzt wurden, verschiedene Interpretationen: *ousia* (Wesen), *hypostasis* (Person), *physis* (Natur), und *prosopon* (Person). Und so sahen die Anhänger der antiochenischen Christologie im Konzil von Chalcedon ihren Sieg, und die Alexandriner ihre Niederlage.

Für die Armenische Kirche wich das Konzil von Chalcedon von der Orthodoxie des Konzils von Ephesus ab, und indem es die beiden Naturen in Christus streng unterschied, tendierte es zum Nestorianismus. So rückten die Kritik an den Lehren des Konzils von Chalcedon als Häresie und die Betonung der Einheit der beiden Naturen Christi in den Mittelpunkt der armenischen Christologie. Im Mutterland Armenien blieben die konservativen, apologetischen und reaktiven Einstellungen der Kirche in den folgenden Jahrhunderten unverändert. In Kilikien jedoch wurde das theologische Denken der Kirche proaktiver, indem es einen *modus vivendi* suchte, ohne von den Grundprinzipien und -ansätzen der armenischen Christologie abzuweichen.

Die christologische Lehre der Armenischen Kirche wird in dem *Bekenntnis des orthodoxen Glaubens* folgendermaßen zusammengefasst:

> »Wir glauben an Gott, den Logos, den Ungeschaffenen, den aus dem Vater Geborenen und vor der Ewigkeit Beginnenden, nicht später und nicht geringer, sondern wie schon immer der Vater – Vater [ist], so [ist] auch mit ihm der Sohn – Sohn … Wir glauben an den Einen aus den drei Personen, den Gott Logos, der geboren wurde vom Vater vor der Ewigkeit, in der Zeit herabgestiegen in die Theotokos (Gottesgebärerin), die Jungfrau Maria, von ihrem Blut (d.h. Substanz) genommen und vereint … mit seiner Gottheit, neun Monate geduldig getragen im Schoß der makellosen Jungfrau – und der vollkommene Gott wurde vollkommener Mensch, mit Seele und Verstand und Leib, eine Person, ein Prosopon und eine geeinte Natur. Gott ist Mensch geworden ohne [Wesens-]Änderung oder Vermengung, durch samenlose Empfängnis und unbefleckte Geburt, sodass weder seine Gottheit beginnt noch sein Menschsein endet [denn Jesus Christus [ist] derselbe gestern und heute

und in Ewigkeit]. Wir glauben an unseren Herrn Jesus Christus, der auf Erden wandelte und nach dreißig Jahren zur Taufe kam, wobei der Vater von oben bezeugte: Das ist mein geliebter Sohn! – und der Heilige Geist in Gestalt einer Taube herabkam. Er wurde vom Satan versucht und besiegte ihn. Er verkündete den Menschen die Erlösung. Er mühte sich im Leib ab, ermattete, hungerte und dürstete; danach nahm er freiwillig [sein] Leiden auf sich, wurde gekreuzigt, starb im Leibe und blieb lebendig in seiner Gottheit, nachdem sein Leib ins Grab gelegt worden war, vereint mit seiner Gottheit stieg er mit seiner Seele in die Hölle hinab, in [seiner] untrennbaren Gottheit.«[5]

Der hl. Nersēs der Begnadete entfaltete die christologische Position der Armenischen Kirche und erklärte:

»Wir sprechen von einer Natur in Christus, aber ohne Vertauschung, nicht nach Eutyches, sondern nach Kyrill von Alexandrien, der in seinen Scholia gegen Nestorius sagte: ›Eine Natur im fleischgewordenen Logos, wie die Väter gesagt haben‹. Mit den Vätern bezieht er sich auf Athanasius und dessen Vorgänger. Daher bestätigen auch wir eine Natur gemäß der Tradition der Heiligen (d. h. der Kirchenväter) und nicht gemäß der Meinung der Heterodoxen, die, indem sie von einer Natur sprechen, Vertauschung, Veränderung oder Wechsel der Wesenheit in die Vereinigung (von Christi göttlicher und menschlicher Natur) bringen. Und statt einer Person in Christus, die du bekennst, und das ist richtig, und die in der Tat auch wir bekennen, sagen wir: eine Natur. Diese [Formulierungen] sind einander ähnlich und nicht auf häretische Meinungen zurückzuführen. Das ergibt sich aus der Tatsache, dass wir, wenn wir diese gleiche [Wahrheit] formulieren, nicht bei einer Natur aufhören, sondern die Eigenschaft beider Naturen demonstrieren …«

Indem er seine Argumentation weiterführt, bestätigt der hl. Nersēs:

»Wenn wir also von einer Natur sprechen, meinen wir nichts anderes als die unteilbare und unaussprechliche Vereinigung des Wortes mit dem Fleisch. Andererseits vermeiden wir es nicht, von zwei Naturen zu sprechen, vorausgesetzt, dass keine Teilung gemäß Nestorius impliziert wird, sondern nur um im Gegensatz zu den heterodoxen Lehren

5 Book of Hours, Antelias 2003, a–b.

des Eutyches und Apollinarius zu demonstrieren, dass die Naturen nicht vermischt sind. Zum Beispiel sind der menschliche Leib und die Seele verschiedener Natur, der eine irdisch und die andere himmlisch, der eine sichtbar und die andere unsichtbar, der eine vergänglich und die andere unsterblich. Trotzdem, nach ihrer Vereinigung, spricht man beim Menschen von einer Natur, nicht von zweien. Und wenn wir sagen, dass der Mensch eine Natur hat, meinen wir, dass es keine Verwirrung (zwischen Seele und Leib) gibt, indem wir ihn entweder nur als Seele oder nur als Leib wahrnehmen. Dasselbe trifft auf Christus zu. Obwohl man bei ihm von einer Natur spricht, wird das nicht gesagt, um Verwirrung zu stiften, sondern damit soll die unaussprechliche Vereinigung beider Naturen miteinander zum Ausdruck gebracht werden …«[6]

»Natur« wurde zu einem Schlüsselbegriff im Kontext der christologischen Auseinandersetzungen. In der armenischen Christologie wurde »Natur« als eine konkrete Realität wahrgenommen und im Kontext der antichalcedonensischen Christologie im Sinne der Person verwendet, die aus zwei Naturen zusammengesetzt ist. Daher kann der Ausdruck »zwei Naturen« in Christus für die Armenische Kirche eine Aufteilung bedeuten. Wir können »zwei Naturen« *in abstracto* nur unterscheiden, wenn wir zunächst eine Natur *in concreto* akzeptieren. Christus ist nicht »in« zwei Naturen *(en duo physesin)*, wie es das Konzil von Chalcedon bestätigte, sondern »aus« zwei Naturen *(ek duo physeon)*. Das war das Argument der armenischen Christologie, die äußerst empfindlich auf jede Formulierung oder Interpretation reagierte, die selbst implizit die Idee einer Dualität nach der Menschwerdung vorschlagen könnte. Die armenische Christologie basiert fest auf den Lehren des Kyrill von Alexandrien, der die Einheit der göttlichen und menschlichen Natur Christi durch seine bekannte Formel »eine Natur des fleischgewordenen Wortes Gottes« bestimmte. Die Armenische Kirche hält unermüdlich die untrennbare Einheit der beiden Naturen aufrecht, nicht aber die Nebeneinanderstellung oder gar Vereinigung

6 Aram I. Keshishian, St. Nersēs the Gracious and Church Unity, Antelias 2010, 119–122.

der beiden Naturen. Was die Einheit der Naturen Christi angeht, lehnt sie jede Art von Verwirrung und Vermischung, wie sie von Eutyches gelehrt wird, ebenso ab, wie die von Nestorius gelehrte Trennung der Naturen. Und wenn das Mysterium der hypostatischen Einheit von Gottheit und Menschheit beschrieben wird, sind stets die vier chalcedonensischen Adverbien von der armenischen Christologie verwendet worden: unvermischt, unverändert, ungeteilt und ungetrennt.

Nach Kyrill von Alexandrien versteht die Armenische Kirche die eine Natur als die eine Hypostase, nämlich die Person des Gott-Logos, die inkarniert wurde. Und mit der »einen Natur« *(mia physis)* meint die armenische Christologie nicht eine numerische Einheit, sondern eine vereinte Natur. Die antichalcedonensische Christologie unterscheidet deutlich zwischen *mia* (eine Natur) und *mono* (einzige Natur). Das Präfix *mono* betont, dass die Natur Christi eine einzige ist; *mia* lässt dagegen eine vereinte Natur zu. Die Armenische Kirche ist weder monophysitisch noch eutychianisch. Wie andere orientalisch-orthodoxe Kirchen verwirft sie den von Eutyches gelehrten und in Chalcedon verurteilten Monophysitismus und bekräftigt den von Kyrill von Alexandrien gelehrten Miaphysitismus, wonach sowohl Gottheit als auch Menschheit in einer göttlich-menschlichen Natur des fleischgewordenen Wortes Gottes gleichermaßen vorhanden und vereint sind.

Der folgende Vorschlag des Katholikos Nersēs könnte selbst heute noch als solide Grundlage für einen christologischen Konsens zwischen orientalisch-orthodoxen, östlich-orthodoxen und katholischen Kirchen angesehen werden:

> »Wenn ›eine Natur‹ gebraucht wird, um die unauflösliche und unteilbare Vereinigung, aber nicht die Vermischung zu bezeichnen, und ›zwei Naturen‹ für unvermischt, unveränderlich, aber nicht für die Teilung steht, sind beide Aussagen innerhalb der Grenzen der Rechtgläubigkeit.«[7]

[7] Ebd., 123.

Das Gefäß für das heilige Myron aus Sis, welches die Vertreibung überstanden hat, heute im Katholikossat von Antelias.
Foto: Klaus E. Göltz, in: Hermann GOLTZ, Der gerettete Schatz der Armenier aus Kilikien, Wiesbaden 2000.

IV. Spiritueller Reichtum

Wesen, Sein und Sendung der Kirche kommen in ihrer Spiritualität zum Ausdruck, die in einer Vielfalt von Ausdrucksformen und Gestaltungsmöglichkeiten eine lebendige Beziehung zwischen den Gläubigen und Gott herzustellen versucht. Die Spiritualität umfasst und offenbart alle Aspekte und Dimensionen des Lebens der Kirche, ihre Besinnung und ihr Schaffen, ihre innere und äußere Reichweite. Das liturgische und sakramentale Leben der Kirche ist der Kern und die authentischste Ausdrucksweise ihrer Spiritualität, vor allem in den orthodoxen Kirchen. So verfügt auch die Armenische Kirche über eine reiche Spiritualität.

Liturgie

Die Liturgie *(cēs)* nimmt einen zentralen Platz in der Spiritualität der Armenischen Kirche ein. Sie wurde ursprünglich aus den Liturgien des hl. Basilius und des hl. Athanasius zusammengestellt und später von den armenischen Kirchenvätern und Theologen weiterentwickelt; ihre jetzige Form erhielt sie im 15. Jahrhundert. Die armenische Liturgie, die in der Regel charakteristische Merkmale orientalischer Riten und Traditionen aufweist, ist eine stimmige Verbindung von Wort und Tat, Musik und Feier. Die Sprache der Liturgie ist das klassische Armenisch (Grabar); in den letzten Jahrzehnten hat die Kirche begonnen, in beschränktem Maß auch die moderne armenische Sprache einzubeziehen, um den Gläubigen eine aktivere Teilnahme an der Liturgie zu ermöglichen.

Tagzeitenliturgie

Die Liturgie besteht aus zwei wichtigen Teilen, der Liturgie des Wortes und der Eucharistiefeier. Die Liturgie des Wortes umfasst die sieben Tagzeiten- oder Stundengebete *(žamergutʻiun)*:

- Das *Nachtgebet (gišerayin žam)* richtet sich an Gott den Vater und findet vor Tagesanbruch statt.
- Das *Morgengebet (aṙawōtean žam)* richtet sich an den Sohn und wird am frühen Morgen verrichtet.
- Das *Sonnenaufgangsgebet (arewagali žam)* richtet sich an den Heiligen Geist und findet bei Sonnenaufgang statt.
- Das *Mittagsgebet (čašu žam)* besteht aus drei Teilen: Der erste Teil richtet sich an den Heiligen Geist und beginnt um 9.00 Uhr; der zweite Teil um 12.00 Uhr richtet sich an den Vater, und der dritte Teil um 15.00 Uhr richtet sich an den Sohn.
- Das *Abendgebet* oder die *Vesper (erekoyean žam)* richtet sich an den Sohn und findet vor Sonnenuntergang statt. Für die Armenische Kirche endet damit der liturgische Tag, und ein neuer Tag beginnt mit dem Vespergottesdienst.
- Das *Friedensgebet (xałałakan žam)* ist an den Heiligen Geist und an den Logos Gottes gerichtet und findet nach Sonnenuntergang statt.
- Das *Ruhegebet* oder die *Komplet (hangstean žam)* ist an den Vater gerichtet und findet am Ende des Tages statt.

Diese Gottesdienste bestehen aus Psalmen, Gebeten, Lob- und Bittlitaneien, Hymnen, Lobgesängen und Melodien, die den Gläubigen geistige Nahrung und Orientierung für den Alltag bieten sollen. Alle Gottesdienste enthalten Lesungen aus dem Alten und Neuen Testament, die dem gefeierten Sakrament, Heiligen oder Festtag entsprechend ausgewählt werden. Früher wurden diese Gottesdienste regelmäßig jeden Tag durchgeführt. Aus praktischen Gründen werden heute das Nacht-, Morgen- und Abendgebet täglich verrichtet, und das Sonnenaufgangs-, Friedens- und Ruhegebet findet nur während der Fastenzeit statt.

Besondere Segnungen und Gebete werden zu verschiedenen Anlässen gesprochen, wie beispielsweise bei der Darbringung bzw. Segnung eines Säuglings meist im Alter von vierzig Tagen, beim ersten Haarschnitt eines Kindes, bei der Segnung der Ringe eines verlobten Paares, bei einer Haussegnung, meist für eine neue Wohnung oder zu Weihnachten und zu Ostern, bei der Segnung der Trauben am Fest der Himmelfahrt der Heiligen Jungfrau Maria, bei der Segnung der Felder, des Wassers, des Salzes und des Brotes. An großen kirchlichen Festtagen findet eine Prozessionsliturgie *(andastan)* statt, wobei der Zelebrant gemäß biblischer Tradition die vier Himmelsrichtungen der Erde segnet, und am Palmsonntag wird der Vorhang zum Altarraum feierlich wieder geöffnet *(dṙnbacʿēkʿ)*; diese beiden Liturgien haben eine einmalige spirituelle Bedeutung im liturgischen Leben der Kirche. Von besonderer Wichtigkeit ist die Opfergabe *(matał)* in Erinnerung an Verstorbene als Danksagung an Gott. *Matał* ist eine im Alten Testament verwurzelte und in der Alten Kirche praktizierte Tradition; dazu gehört auch das Schlachten von Schafen und Geflügel, deren gekochtes Fleisch dann an die Armen verteilt wird.

Durch die Liturgie stärkt die Armenische Kirche ihren Gemeinschaftscharakter und ihre Spiritualität. Sie betont auch die persönliche Dimension des geistigen Lebens, indem sie alle Formen und Ausdrucksweisen des Gebetslebens fördert, in denen das persönliche Gebet einen wichtigen Platz einnimmt. Zu diesem Zweck hat die Kirche neben den liturgischen Gebeten den Gläubigen aller Zeiten Gebete überliefert, die aus Schriften armenischer und anderer Kirchenväter und Heiliger stammen. Diese Gebete, sprachlich kurz und einfach gehalten, werden vor den Mahlzeiten, vor Beginn einer neuen Arbeit oder einer Reise, in schwierigen Zeiten, vor dem Schlafengehen und vor verschiedenen Verrichtungen unseres täglichen Lebens gesprochen.

Feste

Die Liturgie der Armenischen Kirche besitzt einen großen Reichtum an Festtagen und feiert die damit verbundenen Traditionen. Diese Feste lassen sich in fünf Gruppen einstufen und kreisen um das Osterdatum.

- *Herrenfeste* sind unmittelbar mit dem Leben und Dienst Jesu Christi verbunden: Theophanie, Namensgebung, Darstellung des Herrn im Tempel, Palmsonntag, Ostern, Himmelfahrt, Pfingsten und Verklärung.
- *Marienfeste* sind mit dem heiligen Leben der Gottesmutter verbunden: Verkündigung, Geburt Mariens von Joachim und Anna, Darstellung im Tempel, Empfängnis Mariens, Aufnahme in den Himmel, Auffindung des Gürtels Mariens und Auffindung ihrer Schatulle[1].
- *Gedenktage* verbindet man in der Regel mit dem Heiligen Kreuz und der Kirche: Auffindung des Kreuzes, Erscheinung des Kreuzes, Kreuzerhöhung, Erscheinung des Kreuzes auf dem Varagberg, Neuer Sonntag, Weltkirche, Kathedrale des Hl. Etschmiadsin, Šołakat‘ und Bundeslade.
- *Große Feste* sind Persönlichkeiten gewidmet, die eine Schlüsselrolle bei der Verbreitung des Glaubens gespielt haben: der hl. Stephanus der Protomärtyrer, die Apostel Jakobus, Johannes, Petrus und Paulus.
- *Heiligenfeste* sind zahlenmäßig die meisten; manche von ihnen werden auch in der katholischen und allen orthodoxen Kirchen gefeiert.

Manche Feste werden jedes Jahr an einem bestimmten Tag im Monat gefeiert, z. B. Theophanie am 6. Januar, Namensgebung am 13. Januar, Darstellung des Herrn am 14. Februar, Verkündigung

[1] Seit dem 18. Jahrhundert begeht die Armenische Kirche am 2. Juli den Gedenktag der Auffindung der Schatulle bzw. des (Schatz)kästchens der Heiligen Gottesgebärerin (*Surb Astuacacni tup‘i giut*). In dieser Schatulle wurde der Schleier der Muttergottes aufbewahrt.

am 7. April. Einige Feste sind beweglich: diejenigen, die vom Mondzyklus abhängig sind, wie Ostern (zwischen dem 22. März und 25. April), sowie jene, die an einem Sonntag gefeiert werden müssen: Aufnahme Mariens in den Himmel (am Sonntag zwischen dem 12. und 18. August), Kreuzerhöhung (am Sonntag, der dem 14. September am nächsten liegt) sowie der Beginn der Adventszeit (am Sonntag, der dem 18. November am nächsten liegt).

Die fünf größten Feste, *Tabernakel (taławar)* genannt, sind: Theophanie, Ostern, Verklärung, Himmelfahrt und Kreuzerhöhung. Diesen Festen geht eine einwöchige Fastenzeit voraus. Der Montag jeweils nach diesen Festen wird als Gedenktag für verstorbene Gläubige gefeiert *(meṙeloc‘)*.

Der Tradition der Alten Kirche folgend, feiert die Armenische Kirche Weihnachten am 6. Januar. An diesem Fest werden die Geburt Christi und seine Taufe durch Johannes den Täufer miteinander verbunden; dieser Festtag wird Theophanie *(Astuacayaytnut‘iun)* genannt und bedeutet Offenbarung Gottes. Bis zum 4. Jahrhundert wurde das Fest der Theophanie am 6. Januar gefeiert. Es gab zwei zwingende Gründe, das Fest der Geburt auf den 25. Dezember zu verlegen: (1) Im Westen begingen die Christen noch immer einige beliebte heidnische Feste, darunter die Feier der »Geburt der unbesiegbaren Sonne« am 25. Dezember. Durch die Änderung des Weihnachtsdatums wollten die Kirchenväter das heidnische Fest durch das Geburtsfest Jesu Christi, der wahren Sonne der Menschheit, ersetzen. (2) Im Osten war es schwierig, die Geburt Christi in Bethlehem und die Taufe im Jordan am gleichen Tag zu feiern; deshalb trennte man die beiden Feste voneinander. Weil die Armenische Kirche mit keinem dieser Probleme konfrontiert war, blieb sie der alten Tradition treu. Am Tag der Theophanie wird nach Beendigung der Heiligen Messe ein Kreuz in eine Schale voll Wasser getaucht und erinnert so an Christi Eintauchen in den Jordan; das heilige Myron wird als Symbol des Herabsteigens des Heiligen Geistes in das Wasser gegossen. Die Gemeindemitglieder bekommen anschließend das gesegnete Wasser zu trinken und haben so teil an der Taufe Christi.

Verschiedene heidnische Feste wurden christlich überlagert und schließlich durch Kirchenfeste ersetzt; z. B. wurde das Fest der Rosen *(vardavar)* durch das Fest der Verklärung ersetzt; durch die Segnung der Trauben nach der Heiligen Messe verband die Kirche den heidnischen Brauch der Segnung der Ernte mit dem Fest der Aufnahme Mariens in den Himmel.

An Sonntagen wird grundsätzlich die Auferstehung oder ein anderes Herrenfest gefeiert. Mittwoch und Freitag sind dem Bußgottesdienst vorbehalten. Heiligenfeste finden in der Regel an den vier verbleibenden Wochentagen statt. Das Heiligengedenken nimmt einen besonderen Platz in der Spiritualität der Armenischen Kirche ein; 130 Tage sind den Heiligen gewidmet. Gewöhnlich wird jeder Heilige allein gefeiert, manchmal feiert man aber auch mehrere gemeinsam. Das Synaxarion der Armenischen Kirche enthält mehr als 200 Namen von Heiligen, die von der Universalkirche vor dem Konzil von Chalcedon zu Heiligen erklärt wurden, und mehr als 100 armenische Heilige. Die Armenische Kirche kennt auch einen Tag für »alle Heiligen, alte und neue, bekannte und unbekannte«. Der vorletzte kanonisierte armenische Heilige ist der hl. Gregor von Tat'ew (15. Jh.). Erst etwa 400 Jahre danach initiierten die beiden Katholikoi Karekin II. und Aram I. gemeinsam wieder einen Heiligsprechungsprozess, indem sie eine Bischofssynode einberiefen, an der die Bischöfe aus beiden Katholikossaten (September 2013 und November 2014) teilnahmen. Die Bischofssynode beschloss, die Märtyrer des armenischen Genozids kollektiv heiligzusprechen. Unter der Leitung der beiden Katholikoi fand die Heiligsprechung am 23. April 2015 in Etschmiadsin, anlässlich des 100. Jahrestages des Völkermordes an den Armeniern, statt. Der anderthalb Millionen gemarterten armenischen Heiligen soll jedes Jahr am 24. April, dem Gedenktag des armenischen Völkermords, gedacht werden.

Fasten und Abstinenz sind wichtige Ausdrucksweisen der Spiritualität. Fasten bedeutet, sich bestimmter Nahrungsmittel mit tierischen Produkten wie Fleisch, Fett, Milch und Eiern zu enthalten, während Abstinenz meint, überhaupt nicht zu essen. Beide Formen der Enthaltsamkeit beziehen sich auf eine von geistigen und moralischen Werten durchdrungene Lebensqualität. Die Armenische Kirche zählt 160 Fastentage: die Große Fastenzeit, die Woche nach Pfingsten, jeden Mittwoch und Freitag während des ganzen Jahres mit Ausnahme der 50 Tage *(yinunk')* nach Ostern, die Woche vor Theophanie, die Woche der Katechumenen, die dem Fest des hl. Sargis vorangeht, die Woche vor Ostern, d.h. die Karwoche, die Woche vor Verklärung, die Woche vor der Entdeckung der Reliquien des hl. Gregor des Erleuchters, die Woche vor der Aufnahme Mariens in den Himmel, die Woche vor Kreuzerhöhung, die letzte Woche des Advents vor Christi Geburt und jeweils eine Woche zum Frühlings-, Sommer-, Herbst- und Winterbeginn.

Was das Fasten betrifft, nimmt die Große Fastenzeit *(mec pahk')* eine besondere Stellung ein. Sie geht dem Palmsonntag voraus und dauert 40 Tage. Die Sonntage in der Fastenzeit haben besondere Namen: Karnevalssonntag, Sonntag der Vertreibung, Sonntag des verlorenen Sohnes, Sonntag des ungerechten Verwalters, Sonntag des ungerechten Richters, Sonntag der Zweiten Wiederkunft. In dieser Zeit ruft die Kirche die Gläubigen auf, neben dem Fasten und der Abstinenz von Nahrungsmitteln ihren Glauben durch Bekenntnis, Bußfertigkeit und Meditation zu vertiefen. Als äußeres Zeichen wird der Altar in der Kirche durch den Vorhang verborgen. Nur einige Kerzen werden angezündet, das tägliche Gebet zum Sonnenaufgang sowie das Friedens- und das Ruhegebet werden verrichtet. Die geistige Erneuerung bildet dabei das zentrale Thema der Gebete, Predigten und biblischen Lesungen.

Wallfahrten, die anlässlich von Heiligen- und Kirchweihfesten organisiert werden, bilden einen festen Bestandteil der Spiritualität. Jedes Fest zeichnet sich durch seine liturgischen und volkstümlichen Traditionen und Praktiken aus. Andere Ausdrucksweisen der Spiritualität sind Weihrauchgaben und Stiftungen liturgischer Gegenstände, Spenden an die Kirche, humanitäre Aktionen und Akte der Nächstenliebe.

Die Armenische Kirche kennt feste Regeln für die Haltung der Gläubigen während der Liturgie, sei es Sitzen, Stehen oder Verneigen. Die Gemeinde steht, wenn das Evangelium verlesen wird, wenn Gebete rezitiert werden und das Trisagion gesungen wird sowie an bestimmten weiteren Stellen in der Heiligen Messe. Die Gläubigen bekreuzigen sich während des Vaterunsers und der Doxologie am Ende eines Psalms, eines Hymnus oder eines kurzen Gebets. Die Gläubigen verneigen sich inmitten eines Gebets, wenn der Priester oder Diakon sagt: »Lasst uns vor Gott niederfallen!« Während des Glaubensbekenntnisses, des gesungenen »*Gloria in excelsis*« und des Vaterunsers falten die Gläubigen ihre Hände, was die Einheit der Kirche und die Erhöhung unserer Seele bei der Verkündigung unseres Glaubens symbolisiert.

Liturgische Bücher

Folgende Bücher werden während der Liturgie benutzt, und gemäß ihrer liturgischen Funktion tragen sie entsprechende Namen:

- Die *Heilige Bibel (Surb Girk*ʻ oder *Astuacašunč*ʻ*)*, die heiligen Schriften des Alten und Neuen Testamentes.
- Die *Evangelienbücher (awetaran)*, vollständig bzw. mit thematisch zusammengestellten Inhalten: das geschmückte Altarevangeliar *(ateni)*, das Evangeliar für die Komplet *(hangstean)*, das Tempelevangeliar *(tačari)*, das Heilungsevangeliar *(pžškutʻean)*, die Passionen *(xačʻelutʻean)*, das Myrophorenevangeliar *(iułaberic*ʻ*)* und das Evangeliar für das Mittagsgebet *(čašu)*.
- Die *Hagiographie* oder das *Synaxarion (yaysmawurk*ʻ*)* enthält den Kalender der Festtage und listet Leben und Martyrium der Heiligen und Märtyrer auf.
- Das liturgische Buch für die *Karwoche (Awag Šabat*ʻ*)* enthält die Gottesdienste für die Karwoche.
- Das *Hymnarium (šaraknoc*ʻ*)* enthält über 1800 Hymnen, die den Heiligen und Festen gewidmet sind. Es gibt zwei Arten von Hymnarien: das Haupthymnarium *(jaynakʻał)* und das kurzgefasste Handhymnarium *(jeṙac*ʻ*)*.
- Das *Liederbuch (ganjaran)* schließt diejenigen Lieder, Melodien und Hymnen ein, die nicht im Hymnarium enthalten sind.

- Das *Buch der Oden (tałaran)* enthält Oden, Lob- und sonstige Gesänge.
- Der *Liturgische Kalender (grpani ōrac'uyc')* gibt Anweisungen zu den täglichen Stundengebeten, Festen und Heiligen.
- Das *Stundenbuch (žamagirk')* enthält die sieben täglichen Stundengebete. Es existiert in vier Ausgaben und Größen: in der Altarausgabe *(ateni)*, als zusammengefasste Ausgabe *(daseru)*, in einer kurzgefassten Variante *(ar̄jer̄n)* und als Ausgabe für Kinder *(p'ok'reru)*.
- Das *Missale (xorhrdatetr)* enthält den vollständigen Text der Heiligen Messe, also auch die Gebete, die der Priester still für sich liest.
- Der *Psalter (sałmosaran)* besteht aus acht Teilen, gefolgt von Gesängen, Lobgebeten, Bittlitaneien und sonstigen Gebeten.
- Das *Lektionar* für das Mittagsgebet *(čašoc')* ist eine Sammlung von biblischen Texten für jeden Tag und beinhaltet auch Predigten und Meditationen von Theologen für große Festtage.
- Das *Rituale (maštoc')* gibt es in drei Ausführungen: das *Tägliche Ritualbuch (p'ok'r maštoc')*, das die sieben Sakramente und die Segnung der liturgischen Gewänder, heiligen Gefäße und Gottesdienstbücher enthält; das *Hauptrituale (mayr maštoc')* für die Diakonats-, Priester- oder Kirchweihe sowie für die Trauerfeier verstorbener Geistlicher und das *Patriarchalrituale (hayr maštoc')*, welches Texte für die Weihe eines Königs, Katholikos, Bischofs und des heiligen Myron enthält.
- Das *Direktorium (tōnac'uyc')* gibt detaillierte Anweisungen für alle Feste und schreibt unter anderem die entsprechenden Bibeltexte und den liturgischen Ablauf vor.

Die Texte dieser liturgischen Bücher wurden mit der Zeit zusammengestellt, überarbeitet und von Katholikoi und herausragenden Theologen erweitert.

Die Sakramente

Die Armenische Kirche kennt sieben Sakramente *(xorhurd)*: Taufe, Firmung (Salbung), Buße, Eucharistie, Weihe, Ehe und Krankensalbung. Für die Gültigkeit müssen drei Voraussetzungen erfüllt sein:

a) Materie: physische Handlungen und Dingliches, welche bei der Spendung der Sakramente gebraucht werden;
b) Form: Gebete, Hymnen und biblische Texte;
c) ein Geistlicher, dem die Kirche durch Ordination bzw. Weihe die Autorität und Aufgabe verliehen hat, das jeweilige Sakrament zu spenden.

Die Taufe

Die Taufe *(mkrtut'iun)* ist das erste Sakrament, das ein Christ empfängt, und wird von einem Priester oder Bischof gespendet. Im Notfall kann der Priester von einem Diakon oder, falls notwendig, von einem beliebigen Christen ersetzt werden. Der Täufling muss einen Taufpaten haben, ein mündiges männliches Mitglied der Armenischen Kirche; der Pate übernimmt Verantwortung für die christliche Erziehung und Ausbildung des Täuflings.

Die Tauffeier beginnt, indem die Teilnehmenden in der Mitte der Kirche stehen und der Tür zugewandt sind, was die Absage an den Teufel symbolisiert. Das Glaubensbekenntnis wird gesprochen, das letzte Kapitel des Matthäusevangeliums (Mt 28,16–20) gelesen und eine verkürzte Form des Apostolischen Glaubensbekenntnisses rezitiert:

> »Wir glauben an die allheilige Dreieinigkeit, an den Vater und den Sohn und den Heiligen Geist, die Verkündigung durch Gabriel, die Geburt Christi, seine Taufe, sein Leiden, seine Kreuzigung, sein Begräbnis für drei Tage, seine Auferstehung, seine göttliche Himmelfahrt, sein Sitzen zur Rechten des Vaters und seine ehrfurchtgebietende und glorreiche Wiederkunft – das bekennen und glauben wir.«

Dann begeben sich alle zum Taufbecken. Verse aus dem Brief des Apostels Paulus an die Kolosser (Kol 3,24–29) werden verlesen, gefolgt von einem Abschnitt aus dem Johannesevangelium (Joh 3,1–8), in dem es darum geht, was ein Mensch tun muss, um wiedergeboren zu werden. Das Kind wird dem Zelebranten präsentiert, vorzugsweise seinem Gemeindepriester, der die Frage stellt: »Was wünscht dieses Kind?« Darauf antwortet der Pate: »Glaube, Hoffnung, Liebe und die Taufe!« Dies sind die wesentlichen Komponenten des christlichen Lebens. Das Kind wird danach dreimal ins Wasser eingetaucht, um die drei Tage Christi im Grab (Kol 2,12) zu symbolisieren. Zuvor wurde das Wasser unter dreimaliger Zugabe von heiligem Myron geweiht. Während des Eintauchens nennt der Zelebrant zum ersten Mal den Namen des Kindes und spricht: »Dieser (Name), Diener Gottes, der aus dem Katechumenenstand zur Taufe gekommen ist, wird jetzt getauft im Namen des Vaters, des Sohnes und des Heiligen Geistes. Erlöst von der Knechtschaft der Sünde durch das Blut Christi, empfange er die Adoption durch den himmlischen Vater, um Miterbe Christi und Tempel des Heiligen Geistes zu sein.«

Die Taufe ist einmalig – *»Ein Herr, ein Glaube, eine Taufe«* (Eph 4,5) – und nicht wiederholbar. Sie ist eine Neugeburt in Christus (Joh 3,5) und befreit von der Erbsünde. Durch die Taufe wird der Christ in den mystischen Leib Christi, die Kirche, aufgenommen und akzeptiert Christus als den einzigen Heiland der Welt. Obwohl ein Säugling in der Armenischen Kirche in der Regel spätestens vierzig Tage nach der Geburt getauft wird, kann die Taufe in jedem Alter empfangen werden.

Die Firmung

Durch die Firmung *(drošm)* wird der Getaufte mit der Gnade des Heiligen Geistes ausgerüstet, um den Versuchungen der Welt und dem damit einhergehendem sündhaften Verhalten zu widerstehen. Das Sakrament wird gespendet, indem der Täufling mit dem heiligen Myron gesalbt wird. Entsprechend der Tradition der Alten

Kirche erteilt die Armenische Kirche die Firmung unmittelbar nach der Taufe.

Der Priester salbt unterschiedliche Körperteile des Neugetauften mit dem Zeichen des Kreuzes, wobei er folgende Gebete spricht: für die Stirn: »Im Namen Jesu Christi wird dieses süße Öl als das Siegel der himmlischen Gaben auf dich gegossen!«; für die Augen: »Möge dieses Siegel im Namen Jesu Christi deine Augen erhellen, damit du nie in Todesschlaf fällst!«; für die Ohren: »Diese heilige Salbe wird dich immer bereitmachen, auf die göttlichen Gebote zu hören!«; für die Nase: »Möge dir dieses Siegel im Namen Jesu Christi den süßes Geruch des Lebens in dein Leben bringen!«; für den Mund: »Dieses Siegel Jesu Christi wird der Hüter deines Mundes und eine feste Tür für deine Lippen sein!«; für die Hände: »Lass dieses Siegel dir Grund zur Nächstenliebe und zu jeder guten Tat in deiner Lebensführung sein!«; für das Herz: »Möge dieses göttliche Siegel dir ein heiliges Herz einprägen und einen gerechten Geist in deinem Inneren erneuern!«; für den Rücken: »Möge dieses Siegel ein starker Schild sein, mit dem du alle Angriffe des Bösen abwehren kannst!«; für die Füße: »Möge dieses Siegel Jesu Christi deine Wege in das Ewige Leben leiten, damit du nie erschüttert wirst oder niemals ins Schwanken gerätst!« Zugleich werden mit der Firmung die siebenfachen Gaben des Heiligen Geistes gewährt: Einsicht, Weisheit, Erkenntnis, Rat, Frömmigkeit, geistliche Stärke und heilige Ehrfurcht, die den Täufling mit der Gnade des Glaubens, der Hoffnung und der Liebe nähren sollen, die ihm oder ihr in der Taufe vermittelt werden.

Nach der Firmung wird das Kind in weiße Gewänder – das Symbol der Wiedergeburt – gekleidet, und eine Kette mit einem Kreuz wird ihm um den Hals gelegt. Das Kind wird dann zur Erstkommunion an den Altar gebracht und Gott geweiht. Die drei Sakramente Taufe, Firmung und heilige Kommunion werden nacheinander in einem Ritus gespendet, und der Täufling wird so Mitglied der Armenischen Kirche.

Die Armenische Kirche erkennt die Gültigkeit der Taufe aller Kirchen an, die die Heilige Dreieinigkeit bekennen und im Namen des Vaters und des Sohnes und des Heiligen Geistes taufen. Sie spendet das Sakrament der Firmung jeder Person, die getauft worden ist, aber die Firmung noch nicht empfangen hat und Mitglied der Armenischen Kirche werden will, sei es anlässlich einer Heirat oder in einem Ausnahmefall. Die Armenische Kirche ist sehr darauf bedacht, sich nicht in irgendeiner Form für den Proselytismus zu engagieren.

Das Bußsakrament

Die Buße *(apašxarutʿiun)* zielt auf die Vergebung der Sünden hin, die die Mitglieder der Kirche gegen Gott und ihre Mitmenschen begangen haben. Sie wird auch »zweite Taufe« genannt, da sie den Sündern den Weg ebnet, sich mit Christus zu versöhnen. Der Weg der Reue und Umkehr wird dabei durch Fasten und ein Sündenbekenntnis zum Ausdruck gebracht. Das Sündenbekenntnis findet prinzipiell öffentlich statt. Jeder Gläubige kann stattdessen aber auch um eine Einzelbeichte bitten. Dabei gilt das Beichtgeheimnis, unter dessen Siegel der Beichtvater den Inhalt einer privaten Beichte nicht mit anderen teilen darf. Das Sündenbekenntnis, das alle Formen und Ausdrucksweisen menschlicher Sündhaftigkeit enthält, wird in der Regel von einem Diakon im Namen der Gemeinde verlesen. Es kann aber auch von einem beliebigen Mitglied der Gemeinde vorgetragen werden.

Das Bekenntnis beginnt mit folgender Einleitung:

> »Ich habe gesündigt gegen die allheilige Dreieinigkeit, den Vater und den Sohn und den Heiligen Geist. Ich habe gesündigt gegen Gott. Ich bekenne vor Gott, vor der heiligen Muttergottes und vor dir, Heiliger Vater, alle meine Sünden, die ich begangen habe, denn ich habe gesündigt in Gedanken, Worten und Werken, gewollt und ungewollt, wissend und unwissend. Ich habe gesündigt gegen Gott.«

Nach jedem Abschnitt spricht die Gemeinde leise oder laut: »Gott, vergib mir meine Sünden!« Und der Bischof oder Priester antwortet im Namen Gottes, des obersten Richters: »Gott möge dir Vergebung schenken!« Am Ende des Sündenbekenntnisses erteilt er die Absolution: »Möge Gott, der die Menschen liebt, sich deiner erbarmen und dir die Vergebung all deiner Sünden gewähren, sowohl derer, die du bekannt hast, als auch derer, die du vergessen hast!«

Das gleiche Schuldbekenntnis wird vom Zelebranten beim Sonnenaufgangsgebet und vor der Eucharistiefeier rezitiert.

Die heilige Eucharistie

Die Kirche ist in ihrem Wesen eine eucharistische Gemeinschaft. Durch die Feier der Eucharistie manifestiert die Kirche ihr wahres Wesen als die eine Kirche an jedem einzelnen Ort. Die heilige Eucharistie ist die Gemeinschaft mit Christus und umfasst, das konsekrierte Brot als seinen Leib zu essen und den Wein als sein Blut zu trinken. Die heilige Eucharistie, auch Göttliche Liturgie oder Heilige Messe *(surb patarag)* genannt, ist das Herzstück des liturgischen und sakramentalen Lebens der Armenischen Kirche. Christus setzte das Sakrament der heiligen Eucharistie beim Letzten Abendmahl (Lk 22,19) ein. Später wurde das Abendmahl auch als Herrenmahl (1 Kor 11,20) oder Brotbrechen (Lk 24,35; Apg 2,42) bezeichnet. Das Abendmahl wurde auch als *agape*, Mahl der Gemeinschaft, bekannt. *Agape* heißt in der Armenischen Kirche *mas*; damit ist aber nicht die Kommunion gemeint, sondern das ungesäuerte Brot, das am Ende der Eucharistiefeier vom Zelebranten gesegnet wird und die eine Glaubensgemeinschaft symbolisiert, die von demselben Tisch isst. Die Gläubigen nehmen auch ein Stück Brot mit für diejenigen, die an der Eucharistiefeier nicht teilgenommen haben.

Die Heilige Messe bezieht vier wichtige Akteure mit ihren jeweils spezifischen Rollen ein – die Gemeinde, den Chor, den Diakon und den Zelebranten – und ist in vier rituelle Teile aufgegliedert: die vorbereitenden Riten, den Wortgottesdienst, die Eucharistie oder Liturgie der Gläubigen sowie den Segen mit der Entlassung.

Die Messe verläuft folgendermaßen: Zu Beginn der Nacht- und Morgengebete, die der Heiligen Messe vorausgehen, bekennt der Zelebrant privat oder öffentlich seine Sünden, rezitiert das *Bekenntnis des orthodoxen Glaubens* und bekräftigt seine Glaubenstreue. Während er in der Sakristei die liturgischen Gewänder anlegt, spricht der Zelebrant spezielle Gebete für jedes Teil seines Ornats. Dann schreitet er in einer Prozession auf den Hauptaltar zu, wäscht seine Hände, rezitiert Psalm 26 und legt, sich der Gemeinde zuwendend, ein kurzes Bekenntnis ab. Ein weiterer Priester erteilt die Absolution, der Zelebrant steigt zum Altar hinauf, und der Vorhang wird zugezogen. Ist der Zelebrant ein Bischof, singt der Chor, bevor der Vorhang zugezogen wird: »O Auserwählter Gottes«. Währenddessen betet der Bischof zum Heiligen Geist. Brot und Wein werden in den Kelch gelegt, und die Prozession, die die Sendung Christi unter die Menschen symbolisiert, beginnt. Nach dem Trisagion wird die Tageslesung aus den Propheten und Apostelbriefen im Kirchenschiff gelesen, das Evangelium wird gesungen, und das Glaubensbekenntnis von Nicäa-Konstantinopel wird vom Altar aus rezitiert. Entsprechend alter Tradition erfolgt die Predigt, die eine Auslegung der Botschaft der Schriftlesungen bietet, zwischen Evangelium und Glaubensbekenntnis. Aus praktischen Gründen wird sie jedoch in den meisten armenischen Pfarrkirchen erst später, vor dem Vaterunser, gehalten.

In der Alten Kirche nahmen Nichtgetaufte und solche, die nicht angemessen darauf vorbereitet waren, die heilige Kommunion zu empfangen, nur am Wortgottesdienst teil. Mit der Verkündigung des Diakons, dass keiner der Katechumenen sich dem göttlichen Mysterium nähern solle, beginnt die Eucharistiefeier. Der Diakon trägt den Kelch zum Altar und reicht ihn dem Zelebranten. Darauf folgt der Friedensgruß unter den Gläubigen. Der Grüßende spricht: »Christus ist unter uns erschienen!« Der Empfänger des Grußes antwortet: »Gesegnet sei die Erscheinung Christi!« Zu Weihnachten findet der Austausch des Friedensgrußes mit folgenden Worten statt: »Christus ist geboren und erschienen!« Die Antwort lautet: »Gesegnet sei die Erscheinung Christi!« Und zu Ostern: »Christus ist von den Toten auferstanden!« Als Antwort folgt: »Gesegnet sei die Auferstehung Christi!« Während der Diakon und der Chor Hymnen singen, Gott preisen und ihm für seine Gnade und Liebe uns gegenüber danken, nimmt der Zelebrant das Brot und wiederholt die Worte Christi beim Letzten Abendmahl: *»Nehmet, esset, dies ist mein Leib, der für euch und für viele hingegeben wird zur Sühne und Vergebung der Sünden.«* Während er den Kelch anhebt, spricht der Zelebrant die Worte: *»Trinkt alle daraus. Dies ist mein Blut des Neuen Bundes, das für euch und für viele vergossen wird zur Sühne und Vergebung der Sünden«* (vgl. Mt 26,26–28). Er ruft den Vater an, den Heiligen Geist herabzusenden, um die Gaben zu segnen; er betet über dem Brot, dann über dem Wein, macht das Zeichen des Kreuzes jeweils dreimal über das Brot, dann über den Wein, und abschließend wiederum dreimal über Brot und Wein zusammen. Das ist der heiligste Augenblick, wenn Brot und Wein realsymbolisch in den Leib und das Blut Christi gewandelt werden.

Der Chor singt drei Hymnen, die der Heiligen Dreifaltigkeit gewidmet sind, und der Diakon ruft die Gottesmutter, die Heiligen, die Apostel, die Propheten und die Kirchenväter an. Der Zelebrant spricht anschließend ein Gebet in spezieller Intention für den derzeitigen Katholikos und bittet Gott, ihm ein langes Leben zu gewähren, damit er die Kirche im orthodoxen Glauben leite. Der Chor singt das Vaterunser, worauf die Doxologie folgt. An diesem Punkt wird das Brot in den Wein getaucht. Danach lädt der Diakon die Gläubigen ein, die heilige Kommunion zu empfangen. Gebete aus alten Liturgien und von den Kirchenvätern, die vom Zelebranten still gesprochen werden, nehmen einen wichtigen Platz in der Eucharistiefeier ein.

Vor der heiligen Kommunion verliest der Diakon das allgemeine Sündenbekenntnis, und der Zelebrant bzw. ein Priester oder Bischof erteilt die Absolution. Die Gläubigen müssen am Morgen fasten, bevor sie die heilige Kommunion empfangen, die nach der Eucharistiefeier in der Kirche ausgeteilt wird oder im Bedarfsfall an einem beliebigen Ort und zu beliebiger Zeit. Als Ausdruck ihrer ökumenischen Gesinnung kann die Armenische Kirche allen Christen, so sie es wünschen, die heilige Kommunion spenden, unabhängig davon, welcher Konfession sie angehören. Der Kommunionempfänger steht vor dem Zelebranten, bekreuzigt sich und sagt: »Ich habe vor Gott gesündigt!« Der Zelebrant legt sodann ein kleines in Wein getauchtes Stück Brot mit den Fingern in den Mund des Kommunionempfängers. Von Frauen wird erwartet, dass sie ihren Kopf bedeckt halten (1 Kor 11,2–16). Vor der Entlassung liest der Zelebrant das erste Kapitel des Johannesevangeliums. Danach küssen die Gemeindemitglieder das Evangelienbuch mit den Worten: »Möge der Herr auf dein Opfer achten und deine Bitten annehmen!« Darauf antwortet der Zelebrant: »Dies möge der Herr dir nach deinem Herzen gewähren und alle deine Wünsche erfüllen!«

In der Großen Fastenzeit wird die Heilige Messe als Symbol der Vertreibung der ersten Menschen aus dem Paradies hinter geschlossenem Vorhang gefeiert; die Prozession, die heilige Kommunion (mit Ausnahme von Notfällen), der Friedensgruß und das Küssen des Evangelienbuches entfallen. Der Diakon liest das Evangelium und rezitiert das Glaubensbekenntnis vor dem Vorhang. Am Ende der Heiligen Messe zieht der Zelebrant seine Gewänder aus, legt eine schwarze Tunika an und tritt in die Mitte des Chorraums. Es wird kein Schlussevangelium gelesen; Segen und Entlassung erfolgen wie immer.

Die Heilige Messe wird an Sonntagen und bei besonderen Festen auch an Wochentagen gefeiert. Es darf täglich nur eine Eucharistiefeier an einem Altar gefeiert werden, und derselbe Priester darf nur eine eucharistische Feier pro Tag zelebrieren.

Die Weihe

Das Sakrament der Weihe *(jer̄nadrutʻiun)*, auch als Ordination bekannt, gewährt in der Kraft des Heiligen Geistes das geistliche Amt und besondere Aufgaben jedem, der berufen ist, sich selbst der Sendung Gottes durch die Kirche in der Welt zu widmen. Die Armenische Kirche kennt drei grundsätzliche Weihestufen: Diakonat, Priester- und Bischofsamt. In allen Weihezeremonien erfolgt die

Handauflegung; Priester, Bischöfe und Katholikoi werden auch mit dem heiligen Myron gesalbt.

Wie läuft eine Weihe in der Armenischen Kirche ab?

Der Weihe des Diakons *(sarkawag)* geht die des Protodiakons *(kisasarkawag)* voraus und dem Letzteren die des Messdieners *(dpir)*. Die Beauftragung zum Dienst am Altar als Messdiener wird gewöhnlich an diejenigen Knaben vergeben, die dem Diakon assistieren oder im Kinderchor singen sollen. Dieses Amt besteht wiederum aus vier Stufen: Ostiar *(dṙnapanut'iun)*, Lektor *(ənt'erc'ołut'iun)*, Exorzist *(erdmnec'uc'č'utiun)* und Akolyth *(ǰahənkalut'iun)*. Die Weihe zum Protodiakon umfasst eine biblische Lesung, Hymnen und ein kurzes Gebet. Der ranghöhere Diakon wird Erzdiakon *(awag sarkawag)* genannt. Die Weihe von Diakonen, Priestern und Bischöfen folgt grundsätzlich demselben Modell. Alle Weihen, mit Ausnahme derer von Bischöfen, werden von einem Bischof oder dem Katholikos durchgeführt; nur der Katholikos kann Bischöfe ordinieren.

Die Weiheliturgie von (zölibatären oder verheirateten) Priestern oder Bischöfen besteht aus zwei Teilen. Der erste Teil ist die Dedikation, die im Falle von Priestern am Vorabend des Weihetages stattfindet. Der Zelebrant – bei einer Bischofsweihe der Katholikos, bei einer Diakonen- oder Priesterweihe ein Bischof – sitzt in der Nähe des Altars. Der Kandidat nähert sich vom Haupteingang der Kirche auf seinen Knien dem Zelebranten, wobei ihn sein Fürsprecher *(xartavilak)* begleitet. Der Zelebrant überprüft, ob der Kandidat das volle Wissen eines Dieners der Kirche besitzt, ob er den orthodoxen Glauben bekennt, ob seine Taten lobenswert sind und sein Leben tugendhaft ist. Der Fürsprecher bezeugt dies im Namen des Kandidaten. Dann fragt der Zelebrant, indem er sich auf die Grundzüge des Glaubens als auch die Lehre der Kirche im Allgemeinen und der Armenischen Kirche im Besonderen bezieht, ob der Kandidat die ersten drei Ökumenischen Konzilien und die Lehren der orthodoxen Väter anerkennt und ob er die Häretiker und Häresien (alle beim Namen nennend) anathematisiert sowie gelobt, dem orthodoxen Glauben zu folgen. Bei einer Bischofsweihe gestaltet sich dieser Teil der Zeremonie komplizierter und die Anforderungen sind strenger. Der Kandidat verliest das Bekenntnis des orthodoxen Glaubens, dann folgt der feierliche Eid, den Lehren und Traditionen der Armenischen Kirche treu zu bleiben sowie (im Falle eines zölibatären Priesters und eines Bischofs) den Prinzipien der Bruderschaft – Ehelosigkeit, Gehorsam und Armut – als auch den Leitlinien für Leben und Leitung des hierarchischen Sitzes zu folgen, dem er angehört.

Der zweite Teil der Weiheliturgie findet am nächsten Tag während der Heiligen Messe statt. Vor der Schriftlesung beginnt der Kandidat, auf den Knien zum Altar zu steigen. Nachdem sich der Zelebrant vergewissert hat, dass der Kandidat die Berufung zum Dienst bereitwillig annimmt, fordert er diesen auf, sein Gesicht der Gemeinde zuzuwenden und seine Hände hochzuhalten, als Zeichen des Verzichts auf weltliche Freuden und Interessen. Es ist ein bewegender Moment, wenn der Zelebrant im Namen der Gemeinde dafür betet, dass der Kandidat, ermächtigt vom Heiligen Geist, mit himmlischer Gnade für sein geistliches Amt erfüllt werde. Anschließend wird die Messe fortgesetzt.

Nach dem Friedensgruß legt der Zelebrant dem Kandidaten die liturgischen Gewänder für sein geistliches Amt an und überträgt ihm mit jedem Teil des Gewandes eine besondere Befugnis. Des Weiteren salbt er die Stirn sowie die rechte und die linke Hand des Kandidaten mit dem heiligen Myron (Bischöfen nur die Stirn und die rechte Hand) und gibt ihm, im Falle einer Priesterweihe, einen neuen Namen als Zeichen seiner Wiedergeburt in Christus. Danach reicht der Zelebrant ihm den Kelch, der das geweihte Brot und den geweihten Wein enthält, und überträgt dem Geweihten die Autorität, die heilige Eucharistie zu feiern. Im Fall einer Bischofsweihe erhält der Kandidat Bischofsstab und Ring. An verschiedenen Stellen in der Zeremonie drückt die Gemeinde durch den Chor ihre Zustimmung zur moralischen Eignung des Kandidaten aus. Am Ende der Weihe eines zölibatären Priesters schließt sich ein kurzer Ritus zur *Segnung des Velar*, der Kapuze des zölibatären Priesters, an. Dieser Ritus findet entweder am Morgen nach der Heiligen Messe oder am Abend nach der Vesper statt. Im Falle eines verheirateten Priesters geht die Eheschließung der

Weihe voraus. Der neu geweihte Priester (nicht ein Bischof) zieht sich für vierzig Tage in eine Kirche oder ein Kloster zurück, betet, fastet, liest die Bibel sowie die Werke der Kirchenväter und studiert Leben und Zeugnis der Heiligen. Nach dieser Zeit der geistigen Erneuerung zelebriert er seine erste Heilige Messe.

Die Frage der Frauenordination ist in der Armenischen Kirche noch nicht offiziell behandelt worden. Der Stand der Diakoninnen ist seit den ersten Jahrhunderten ein fester Bestandteil in der Hierarchie der Armenischen Kirche, und Klöster der Diakoninnen und Nonnen haben eine wichtige Rolle für die geistige Erneuerung der Kirche in Armenien und Kilikien gespielt. Das Wiederaufleben des weiblichen Diakonats, insbesondere im Rahmen des pastoralen, diakonischen und pädagogischen Dienstes der Kirche, ist von entscheidender Bedeutung für die missionarische Reichweite und die geistige Erneuerung der Kirche. In diesem Sinne wurde vor einigen Jahrzehnten, allerdings in begrenztem Umfang, ein konkreter Schritt vom Heiligen Stuhl von Kilikien unternommen. Solche Initiativen müssen mit neuem Elan und auf eine besser organisierte Art und Weise fortgesetzt werden.

Die Weihe eines Katholikos findet während einer Heiligen Messe statt, die von dem gewählten Katholikos zelebriert wird und dem dabei von mindestens drei Bischöfen assistiert werden muss. Während der Zeremonie verspricht der Katholikos feierlich, sich voll und ganz den Aufgaben der Armenischen Kirche in Treue zum orthodoxen Glauben und den Lehren der Kirchenväter zu widmen. Das Haupt des Katholikos wird mit dem heiligen Myron gesalbt, er erhält den pontifikalen Stab und Ring, und sein Haupt und sein Gesicht werden mit einem weißen Schleier bedeckt als Zeichen seiner Verheiratung mit der Kirche. Die Weihe des Katholikos ähnelt der der alten armenischen Könige, wird der Katholikos doch zugleich als nationale Leitfigur angesehen.

Das Ehesakrament

Die Ehe *(psak)* ist ein heiliger Bund zwischen Mann und Frau. Wie andere Sakramente hat auch die Ehe biblische Wurzeln (Mt 19,3–6.9). In ihrem Kirchenrecht und ihren pastoralen Lehren betont die Armenische Kirche den geistigen und moralischen Stellenwert der Einheit eines Ehepaares sowie die grundlegende Bedeutung, als höchstes Ziel der Ehe eine christliche Familie zu gründen. In der Tat ist die Familie das Fundament der Kirche und der Gemeinschaft. Christliche Werte und Traditionen erhalten und leiten das Familienleben.

Vor der Verlobungs- und Hochzeitsfeier sollte das Paar beichten und die heilige Kommunion empfangen, möglichst bei ihrem Gemeindepfarrer. Die Hochzeitszeremonie umfasst zwei Teile. Der erste Teil besteht aus der Segnung sowie dem Austausch der Ringe und entspricht der Verlobung *(nšantuk')*. Idealerweise findet diese kurze Zeremonie ein paar Monate vor der Hochzeitsfeier statt, um dem Paar Zeit und Gelegenheit zu geben, sich besser kennenzulernen. Im zweiten Teil werden der Braut und dem Bräutigam Kronen aufgesetzt als Symbol der Herrlichkeit des Heiligen Geistes sowie der Hingabe an das gemeinsame Leben in Treue zum Ruf Christi. Braut und Bräutigam trinken Wein aus einem gemeinsamen Kelch in Erinnerung an die Hochzeit in Kana in Galiläa (Joh 2,1–12) und als Symbol für ihr gemeinsames Leben, getragen von gegenseitiger Liebe.

Die Ehe als eine heilige Institution ist unauflöslich. Christus betonte die tiefe Bedeutung dieser Einheit: »*Was Gott zusammengefügt hat, soll der Mensch nicht trennen*« (Mt 19,6). Die Armenische Kirche gestattet die Scheidung in außergewöhnlichen Situationen, aber erst nachdem mehrere Anstrengungen unternommen wurden, die Ehe des Paares zu retten. Nach ernsthafter Erwägung erlaubt die Kirche auch eine zweite oder sogar dritte Heirat. Die Armenische Kirche hat große Bedenken gegenüber der Zivilehe und einer Scheidung, die von Zivilgerichten gewährt wird. Während sie betont, wie wichtig es sei, gegenüber Personen mit unterschiedlichen sexuellen Orientierungen pastorale Sensibilität und

Mitgefühl zu zeigen, billigt sie keine Form der sexuellen Vereinigung zwischen Personen des gleichen Geschlechts.

Die Krankensalbung

Im Laufe der Zeit hat die Praxis der Krankensalbung *(hiwandac' ocum)* ihren Fokus und ihre Form geändert. Die Kirche zieht es vor, für die Kranken Gebete zu sprechen. Die Letzte Ölung *(verjin ocum)* jedoch bleibt den geweihten Amtsträgern der Kirche nach ihrem Tod vorbehalten. Die Kirche misst dem Requiem *(hogehangist)* besondere Bedeutung bei, das am vierzigsten Tag nach dem Tod stattfindet. Für die Toten zu beten, ist eine alte Tradition der Kirche und bringt die ungebrochene Einheit der kirchlichen Gemeinschaft zum Ausdruck, die sowohl die Lebenden als auch die Toten umfasst und sich über Zeit und Raum hinaus erstreckt. Das Requiem wird in der Regel sonntags am Ende der Heiligen Messe gefeiert; grundsätzlich kann es auch an Wochentagen stattfinden, mit Ausnahme der fünf großen Feste: Weihnachten, Ostern, Verklärung, Aufnahme Mariens in den Himmel und Kreuzerhöhung. Der auf diese Feste folgende Tag ist jeweils ein Totengedenktag *(meřeloc')* mit einem Requiem für alle verstorbenen Gläubigen. Traditionellerweise besuchen die Angehörigen danach die Gräber ihrer Verstorbenen.

Andere Ausdrucksweisen der Spiritualität

Eine Reihe von Praktiken und Traditionen erweitern und enthüllen die Fülle, die Besonderheiten und den Reichtum der Spiritualität der Armenischen Kirche. Sie sind ein fester und untrennbarer Bestandteil der Liturgie und der Sakramente. Die wichtigsten unter ihnen sind:

Das heilige Myron

Das heilige Myron *(surb miuṙon)* hat eine besondere Funktion im liturgischen, sakramentalen und spirituellen Leben der Armenischen Kirche. Es wird vom Klerus nur bei der Firmung nach der Taufe, bei der Weihe von Priestern, Bischöfen und Katholikoi sowie bei der Segnung von neuen Kirchen, Bildern und Wasser benutzt. Entsprechend der jahrhundertealten Tradition wird das heilige Myron aus Olivenöl und den Essenzen von mehr als vierzig Blumen, Bäumen und Kräutern zubereitet. Es enthält u. a. Balsam aus Peru und Nelken aus Mekka, Moschusmalven, Ingwer, indische Narde, Kubebenpfeffer, Indigo, Zimt, Olibanum, Kardamon, Gummiharz, Styrax, Kümmel, Sandelholz, Öl von Blumen, Safran, Alraune, Steinweichsel, Zypresse, Rosenöl, Kamille, Veilchen, Lilie, Seerose, Orangenblüte, Klee, Galeablatt, Myrtenblatt, Narzisse, Lorbeer, Mandarine, Laudanum, Mastixstrauch, Aloe, Holunder, Bernstein, Veilchenwurzel, griechischen Weihrauch, grüne Minze, Basilikum, Hyazinthe, Immergrün und Wein. Die Segnung des heiligen Myron, die vom hl. Gregor dem Erleuchter eingeführt wurde und alle sieben Jahre stattfindet, ist eines der Privilegien des Katholikos. Die Vorbereitung des Myron erstreckt sich über drei Tage und schließt die Lesung von Psalmen und Gebeten sowie das Singen von Hymnen ein. Nach der Zubereitung wird das Myron für vierzig Tage auf den Altar gestellt und anschließend gesegnet. Während der Segnung wird das alte Myron in das neue gegossen als Zeichen des Fortbestehens der Armenischen Kirche. Das heilige Myron der beiden Katholikossate wird während der Feier der Segnung sowohl am Heiligen Stuhl in Etschmiadsin als auch am Heiligen Stuhl von Kilikien miteinander vermischt als konkreter und sichtbarer Ausdruck der Einheit der Armenischen Kirche.

Bilder

Die Bilder *(patker*, pl. *patkerner)*, die in der Armenischen Kirche benutzt werden, sind spirituelle Wegweiser und sollen den Glauben im Leben der Gläubigen vertiefen. Weil sie nur als Symbole gelten, werden sie von den Gläubigen zwar verehrt, aber nicht angebetet. Im 7. Jahrhundert entstand in der Kirche ein Streit zwischen den Ikonoklasten, also den Gegnern der Ikonen, und den Ikonophilen, den Befürwortern der Ikonenverehrung. Das Siebte Ökumenische Konzil von Nicäa (787) bestätigte die Orthodoxie der Verwendung von Ikonen. Obwohl dieses Konzil von der Armenischen Kirche nicht anerkannt wird, entsprechen seine Lehren über die Ikonen der eher gemäßigten Position der Armenischen Kirche gegenüber Bildern, wie sie bereits Vrdanēs K'ert'oł im 7. Jahrhundert lehrte.

Ikonen werden mit Salböl geweiht, bevor sie in einer Kirche ihren Platz finden. Die Wände von armenischen Kirchbauten sind geschmückt mit Bildern der Jungfrau Maria, die das Kind auf ihrem Schoß hält, mit Bildern der Geburt, der Taufe, der Passion, des Begräbnisses, der Auferstehung sowie der Himmelfahrt Christi; jedoch auch mit Bildern von Heiligen und mit verschiedenen Szenen aus deren Leben wie auch mit Darstellungen des Lebens und der Evangelisation des hl. Gregor des Erleuchters. Manchen dieser in Kirchen und Klöstern gezeigten Bildern werden Wunderkräfte zugeschrieben. Ikonen werden in der Armenischen Kirche selten gezeigt, und Statuen werden nie benutzt. Jedoch sind Mosaike vorhanden, die während der persischen Herrschaft zu Bestandteilen der spirituellen Symbolik der Kirche wurden.[2] Die Miniaturen in Handschriften und auf liturgischen Gewändern und Textilien veranschaulichen ebenfalls die wichtige Rolle, die Bilder für die armenische Spiritualität spielen. Vor Heiligenbildern Ker-

[2] Das All-Erlöser-Kloster (*Surb Amenap'rkič' Vank'*) in Neu-Dschulfa in Isfahan / Iran ist ein gutes Beispiel für eine reichlich mit Mosaiken ausgestattete Kirche.

zen anzuzünden und zu beten, ist eine beliebte Ausdrucksweise der Spiritualität.

Kreuzsteine

Der Kreuzstein *(xač'k'ar)* ist von symbolträchtiger Bedeutung für das geistige Kulturleben der Armenischen Kirche. Der im 5. Jahrhundert aufgekommene Kreuzstein oder Khatschkar ist eine große Steinplatte mit einem Reliefkreuz in der Mitte, das in der Regel von Weintrauben, Blättern, biblischen Figuren und Themen, historischen Ereignissen, Heiligen sowie Engeln umgeben ist. Obwohl Fresken in der Armenischen Kirche nicht üblich sind, gibt es ein wunderschönes Beispiel davon in Ałt'amar in der Kirche zum Heiligen Kreuz (10. Jh.).

Khatschkare werden bei der Fertigstellung einer neuen Kirche errichtet oder als Schutz vor Katastrophen sowie in Erinnerung an Verstorbene; sie sind ein Symbol der geistigen Kraft, die Heilung und Befreiung bietet. Ungefähr 40 000 Khatschkare gibt es heute noch. Man kann sie in Armenien, Kilikien (meist zerstört), in Täbriz und Isfahan (Iran) sowie in Nachitschewan (Aserbaidschan), wo viele vor Kurzem zerstört wurden, finden. Einige alte Kreuzsteine sind in europäischen und amerikanischen Museen ausgestellt. Die kunstvollsten Khatschkare stammen aus dem 13. Jahrhundert. Ihre Entwicklung und Nutzung nahmen im 20. Jahrhundert stark zu. Im Jahr 2010 hat die UNESCO die Khatschkar-Tradition in ihre »Repräsentative Liste des immateriellen Kulturerbes der Menschheit« aufgenommen.

Musik

Sakralmusik ist Gebet in Liedform; sie ist auch poetische Ausdrucksweise der Theologie und Lehre der Armenischen Kirche. Als bedeutende Komponente der Liturgie und des sakramentalen Lebens der Armenischen Kirche nimmt die geistliche Musik einen zentralen Platz in der kirchlichen Spiritualität ein. Das einzigartige System der Notenschrift, in der armenischen Sprache als khaz *(xaz)* bekannt, wird als eines der ältesten Beispiele der christlichen Musikkultur betrachtet. Es war vom 8. bis zum 19. Jahrhundert in Gebrauch. Wegen seiner Komplexität und aufgrund der Verbreitung der europäischen Notenschrift ist die Khaz-Notation inzwischen jedoch fast völlig verschwunden.

Die armenische Kirchenmusik umfasst verschiedene Kategorien und Typen von Liedern: Hymnen *(šarakan)*, Melodien *(mełedi)* und ihre Unterteilungen in Ode *(tał)*, Lobgesang *(ganj)*, melodisch verzierte Hymnen *(stełi)*, Hagiodie *(srbasac'ut'iun)*, Eröffnungsgesänge *(žamamut)*, Psalmodie des Nachtgebets *(aleluk')*, Kehrverse *(kc'ord)* und Katavasia *(kanonaglux)*. Jeder dieser Gesänge hat seinen Zweck, seine Funktion und seinen Platz in der Liturgie. Manche von ihnen sind in der Heiligen Messe fest verankert, andere kommen in den Tagzeitengebeten, in den Sakramenten, bei besonderen Festen und an Fasttagen vor. Die Hymnen basieren auf einem Achttonsystem, und die meisten von ihnen sind harmonisiert. Es gibt eine Reihe von geistlichen Gesängen, einschließlich pontifikaler Oden, die nicht aus der liturgischen Tradition der Kirche stammen. Obwohl anzunehmen ist, dass die Sakralmusik früher von verschiedenen Musikinstrumenten begleitet wurde, haben sich heute nur kleine Schellen *(k'šoc')* erhalten. Zumeist wird nun die im 19. Jahrhundert eingeführte Orgel gespielt.

Liturgische Gewänder

Die vielfältigen und farbenreichen liturgischen Gewänder *(cisakan* bzw. *ekełc'akan zgestner)* haben ihren Ursprung in der Bibel (Ex 28,2–5). Die Gewänder in Kilikien wurden vor allem von byzantinischen und lateinischen Traditionen als auch orientalischen Religionen sowie von beliebten traditionellen Farben und Stilen beeinflusst. Manche der königlichen und nationalen Symbole waren als Ausdruck der engen Verbindung zwischen Kirche, Nation und Staat auch auf den Gewändern weit verbreitet.

Jede hierarchische Stufe hat ihre besonderen Gewänder. Die Diakone tragen Tunika *(šabik)* und Schulterstola *(urar)*; der Zelebrant der Heiligen Messe trägt eine Krone *(saławard)*, eine Albe *(šabik)*, eine Bruststola *(p'or-urar)*, einen Gürtel *(goti)*, ein Taschentuch *(łenjak)*, einen Manipel *(bazpan)*, einen hohen Stehkragen *(vakas)*, einen Mantel *(šurjar)* und Pantoffeln *(hołat'ap')*. Zusätzlich zu diesen Gewändern trägt der Bischof ein weites Pallium auf den Schultern *(emip'oron)*, an den Schulterpartien des Kragens befestigte Brokatstreifen *(ardaxurak)* und eine Mitra *(xuyr)*. Nur der Katholikos trägt das Epigonation *(konk'eṙ)*. Alle diese Teile müssen vor jeder eucharistischen Feier vom Zelebranten gesegnet werden. Als Altarvorhänge werden in der Regel bestickte Textilien benutzt, wie auch als Kelchabdeckung, für das Kreuz und den Altar.

Das Veghar *(vełar)*, die Kapuze, die vom zölibatären Klerus jeden Ranges getragen wird, ist ein typisch armenisches Kirchengewand, das in früheren Zeiten auch vom Zelebranten während der Heiligen Messe getragen wurde. Gegenwärtig findet es als Teil der Chorkleidung bei den verschiedenen Gottesdiensten sowie bei besonderen Veranstaltungen Verwendung. Während dieser Gottesdienste tragen die Geistlichen dazu ein schwarzes Gewand *(verarku)* und darüber ein Phelonion *(p'ilon)*; Bischöfe tragen ein violettes Phelonion. In der Öffentlichkeit tragen alle Geistlichen einen Talar *(paregōt)* und eine Kopfbedeckung *(p'akeł)*.

Liturgische Gerätschaften

Liturgische Utensilien *(cisakan* bzw. *ekełec'akan spasner)* sind weit verbreitet im liturgischen und sakramentalen Leben der Armenischen Kirche. In die liturgischen Gerätschaften aus Eisen, Bronze, Kupfer, Silber und Gold sind Edelsteine eingearbeitet. Die meisten Utensilien beziehen sich auf biblische Ereignisse.

Das Kreuz *(xač')*, das in verschiedenen Formen, Stilen und Größen begegnet, ist das zentrale Element in der Spiritualität der Armenischen Kirche. Folgende Utensilien finden sich gewöhnlich in der Kirche: Wasserkrug *(p'arč')* und Schüssel *(konk')*, mit denen der Zelebrant während der Liturgie seine Hände wäscht; Kelch *(skih)* – ein Becher, in dem Brot und Wein für die Kommunion konsekriert werden; Kerzenhalter *(aštanak)* in verschiedenen Größen; Ostensorium *(čačanč')* – eine ovale Scheibe, die in der Mitte eine Reliquie enthält und auf dem Altar ausgestellt ist; Öllampe *(kant'eł)* – eine Schale aus Glas oder Silber, in der Öl brennt und die über dem Altar oder über einem Bild hängt; Weihrauchgefäß *(burvaṙ)* – eine Schale mit Deckel, die an drei Ketten aufgehängt ist und den brennenden Weihrauch enthält; in einer weiteren Schale *(xnkaman)* befindet sich der Weihrauchvorrat; Flabellum *(k'šoc')* – eine von kleinen Schellen umgebene silberne Scheibe, ein Musikinstrument, das hauptsächlich während der Heiligen Messe benutzt wird; Zimbel *(cencłay)* – ein Musikinstrument, das aus zwei identisch konkav geformten Messingplatten besteht; Myrontaube *(aławni)* – ein taubenförmiger Myronbehälter; Schnabelkanne *(bažakaman)* – ein Gefäß, das den in der Heiligen Messe verwendeten Wein enthält; Patene *(małzmay)* – ein flacher Teller auf dem Kelch. Der Bischof trägt eine Panhagia *(panakē)* mit dem Bild der hl. Maria in der Mitte; ein Brustkreuz *(lanjaxač')* tragen die Geistlichen aller Ränge; der Bischof trägt den Ring *(matani)* am kleinen Finger, der Katholikos am Ringfinger der rechten Hand; das große Prozessionskreuz *(t'ap'ōri xač')* wird an der Spitze von Prozessionen vorangetragen; der eucharistische Stempel *(nšxari kałapar)* dient zur Vorbereitung des für die Eucharistie vorgesehenen Brotes *(nšxar)*; die Pyxis *(masnatup')* ist ein kleiner silberner Hostienbehälter, in dem Stücke der konsekrierten Hostie aufbewahrt werden; der Oberhirtenstab *(hayrapetakan gawazan* bzw. *asay)* wird vom Katholikos benutzt, der Bischofsstab *(episkoposakan gawazan)* von einem Bischof; der Magisterstab *(vardapetakan gawazan)* wird von den Vardapets benutzt. Die Glocke *(zangak)* ist in der Regel am Haupteingang der Kirche angebracht, und ihre primäre Funktion ist es, die Gläubigen zum Kirchgang zu rufen; das Lesepult *(grakal)* trägt das Evangeliar und das Lektionar; der Baldachin *(amphovani)* ist dem Katholikos bei Festprozessionen vorbehalten; Banner *(xač'vaṙ)* werden benutzt, um Prozessionen anzuführen;

Kronen *(narōt)* werden bei der Trauung auf die Häupter von Braut und Bräutigam gelegt; Opferteller *(pnak)*.

Neue liturgische Gerätschaften und Gewänder werden vor ihrem Gebrauch in der Kirche gesegnet. Dadurch werden die materiellen Gegenstände zu Symbolen des Glaubens und greifbaren Zeichen der Spiritualität. Die Verwendung von Weihrauch und Kerzen ist von entscheidender Bedeutung für die Spiritualität.

Reliquien der Heiligen

Den Reliquien der Heiligen *(masunk')* kommt eine tiefe symbolische Bedeutung in der Armenischen Kirche zu. Man glaubte, dass sie heilende Kraft besäßen, deshalb sind sie zu heiligen Gegenständen tiefer Verehrung geworden. Die rechte Hand des hl. Gregor des Erleuchters ist die bedeutendste Reliquie der Armenischen Kirche. Traditionell gilt sie als Symbol der apostolischen Sukzession, der kirchlichen Autorität und der jurisdiktionellen Legitimität. Reliquien der rechten Hand des hl. Gregor des Erleuchters finden sich am Heiligen Stuhl von Etschmiadsin und am Heiligen Stuhl von Kilikien. In Etschmiadsin wird sie alle sieben Jahre für die Segnung des heiligen Myron hervorgeholt, in Antelias wird sie darüber hinaus zusammen mit Reliquien anderer Heiliger am Fest des hl. Gregor des Erleuchters den Gläubigen gezeigt. Während der Segnung des heiligen Myron berührt der Katholikos die Mischung mit der Reliquie, die die rechte Hand des hl. Gregor des Erleuchters enthält, um die Verbindung mit dem ursprünglichen heiligen Myron, das vom hl. Gregor selbst gesegnet wurde, herzustellen. Dieser Akt soll symbolisch die Kontinuität des Glaubens der armenischen Christenheit darstellen. Gemäß der Tradition befindet sich der Schädel des hl. Gregor des Erleuchters im Kloster des hl. Gregor des Armeniers, einem katholischen Kloster in Neapel (Italien). Im Jahre 2001, anlässlich des 1700-jährigen Jahrestages der Ausrufung des Christentums als Staatsreligion in Armenien und als Ausdruck der ökumenischen Gemeinschaft, schickte Papst Johannes Paul II. ein Stück des Schädels an den Heiligen

Stuhl von Etschmiadsin und ein anderes Stück an den Heiligen Stuhl von Kilikien.

Reliquien haben eine geheimnisvolle Geschichte. Ihre Herkunft und Übertragung von einem Platz zum anderen nachzuverfolgen, ist oft sehr schwierig. Trotz ständiger Kriege und Zerstörungen, denen die Armenier ausgesetzt waren, hat eine beträchtliche Zahl von Reliquien überlebt. Reiche Reliquiare, die die Überreste von Aposteln, Heiligen, Märtyrern und Kirchenvätern sowie Fragmente des Kreuzes enthalten, finden sich an den hierarchischen Sitzen sowie an verschiedenen alten Amtssitzen.

Architektur

Die Architektur ist ein weiterer Bereich, der die armenische Spiritualität widerspiegelt. Die ersten armenischen Kirchen wurden auf den Fundamenten heidnischer Tempel errichtet und weisen Einflüsse der vorchristlichen Kultur auf. In den nachfolgenden Jahrhunderten entwickelte sich die kirchliche Architektur weiter. Die Armenier gelten als die Erfinder der Konstruktion der Steinkuppel über einem quadratischen Raum. Der Bau der Kathedrale in Etschmiadsin, entsprechend der Vision des hl. Gregor des Erleuchters, mit einer Kuppel, die auf vier durch Bögen verbundenen Säulen ruht, ist ein deutlicher Hinweis darauf, dass das Konzept der Kuppel in Armenien bereits im 4. Jahrhundert bekannt war. Obwohl jede Epoche ihre eigenen architektonischen Formen, Stile und Normen besaß, sind die armenischen Kirchen grundsätzlich in der Form eines Kreuzes gebaut; ihre achteckigen Kuppeln sind ohne Säulen und werden von den Bögen der Wände getragen. Die Höhe der Kirche übersteigt oft die Breite; es gibt nur wenige und schmale Fenster; hohe Bogenstrukturen stützen die Kuppel über der Fenstertrommel. Die Kirchen wurden aus Stein und gewöhnlich auf Berggipfeln errichtet.

In den armenischen Kirchen ist der Altar nach Osten gerichtet und etwa auf einen Meter über dem allgemeinen Bodenniveau der Kirche angehoben. Manche Kirchen haben auch kleinere Seitenaltäre, die aber keine liturgische Funktion besitzen. Der Kelch, der in einer Nische auf der Nordseite des Hauptaltars aufbewahrt wird, ist mit einem Schleier bedeckt. Ein in Silber gebundenes Evangeliar liegt in der Mitte des Altars vor einem großen Kreuz. Ein Teil der konsekrierten Hostien wird immer in einem Tabernakel auf dem Altar aufbewahrt. Über dem Altar hängt ein Bild der Jungfrau Maria mit dem neugeborenen Jesus an ihrer Brust. Niemand außer den ordinierten Geistlichen, die Pantoffeln tragen, die nur in der Kirche benutzt werden, darf den Altarraum betreten. Der Chor steht in der Mitte der Kirche, in der Nähe des Altars (in einigen neugebauten Kirchen auf der Empore mit Blick zum Altar).

Das Kirchenschiff ist für die Gemeinde reserviert. In älteren Kirchen gab es keine Bänke, und die Gläubigen saßen mit gekreuzten Beinen auf dem Boden, Männer auf der rechten Seite, Frauen auf der linken. Diese orientalische Tradition gibt es heute allerdings nicht mehr. Die Sakristei befindet sich zu beiden Seiten des Altars. Das Taufbecken ist entweder auf der rechten Seite des Altars oder in der Sakristei. Eine Kirche sollte auf der rechten Seite auch einen Thron für den Diözesanbischof haben. Die alten armenischen Kirchen besaßen einen Vorraum *(gawit‘)*, der oft vom Hauptteil des Gebäudes durch ein hohes Gitter getrennt war und wo sich die Katechumenen zu Beginn der Eucharistiefeier versammelten. Unter einer kleineren Kuppel über dem Haupteingang der Kirche hängt die Glocke.

Die Fundamente der armenischen Kirchen werden gesegnet, und nach Fertigstellung des Baus wird die Kirche geweiht. In der Regel werden sie der Heiligen Dreieinigkeit, Christus dem Erlöser, dem Heiligen Kreuz, der Heiligen Gottesgebärerin, Johannes dem Täufer, Gregor dem Erleuchter oder anderen Heiligen gewidmet. Obwohl sich die Architektur der Armenischen Kirche ursprünglich an orientalischen Vorbildern orientierte, wurde sie später von der westlichen Architektur beeinflusst. Sie selbst wiederum strahlte auf die Architektur der byzantinischen, gotischen und modernen Kirchen aus.

Der armenische Kalender

Der armenische Kalender beginnt 552 n. Chr. und wird in der armenischen Geschichtsschreibung, der Liturgie, den Enzykliken der Katholikoi und in offiziellen Dokumenten der Kirche benutzt. Entsprechend diesem Kalender beginnt das armenische Jahr am 1. *Nawasard*, was dem 11. August des Gregorianischen Kalenders entspricht. Das Jahr umfasst zwölf Monate: *Nawasard*, *Hoṙi*, *Sahmi*, *Trē*, *K'ałoc'*, *Arac'*, *Mehekan*, *Areg*, *Ahekan*, *Mareri*, *Margac'* und *Hrotic'*. Jeder Tag und jede Stunde haben ihren eigenen Namen. Das armenische Alphabet wird zur Nummerierung in folgender Weise benutzt:
Ա – 1, Բ – 2, Գ – 3, Դ – 4, Ե – 5, Զ – 6, Է – 7, Ը – 8, Թ – 9, Ժ – 10, Ի – 20, Լ – 30, Խ – 40, Ծ – 50, Կ – 60, Հ – 70, Ձ – 80, Ղ – 90, Ճ – 100, Մ – 200, Յ – 300, Ն – 400, Շ – 500, Ո – 600, Չ – 700, Պ – 800, Ջ – 900, Ռ – 1000, Ս – 2000, Վ – 3000, Տ – 4000, Ր – 5000, Ց – 6000, Ւ – 7000, Փ – 8000, Ք – 9000.

Seit 1923 folgt die Armenische Kirche dem Gregorianischen Kalender; die einzige Ausnahme bildet die Armenische Kirche in Jerusalem, die die Feiern an den heiligen Stätten zu festgelegten Zeiten entsprechend der geltenden Traditionen begeht.

Folgende Aspekte der armenischen Spiritualität verdienen besondere Aufmerksamkeit:

a) Einfachheit und Kohärenz sind die wichtigsten Eigenschaften der armenischen Spiritualität; sie erzeugen einen lebendigen Dialog und eine spirituelle Gemeinschaft der Gläubigen mit Gott.
b) Die dynamische Verbindung zwischen Materie und Geist, dem Sichtbaren und dem Unsichtbaren, dem Weltlichen und dem Weltabgewandten bietet einen ganzheitlichen Charakter der Spiritualität.
c) Die Armenische Spiritualität ist ökozentriert: alle Aspekte und Elemente der Schöpfung sind harmonisch in die Formen, Praktiken und Ausdrucksweisen der Spiritualität integriert.

d) Die armenische Spiritualität ist eigentlich nicht liturgiezentriert. Sie geht über die Grenzen der Liturgie hinaus, um das Leben der einzelnen Gläubigen, deren Familien und die gesamte Gemeinschaft einzuschließen. Die armenische Spiritualität ist inklusiv und allumfassend.
e) Die Spiritualität der Armenischen Kirche konzentriert sich auf das Kreuz und ist auf die Auferstehung ausgerichtet. Die von Leiden und dem ständigen Streben nach Hoffnung geprägte Geschichte des armenischen Volkes hat dessen Spiritualität stark beeinflusst, die selbst mitten im Martyrium lebensbejahend war.
f) Vergöttlichung oder Theosis, ein einzigartiges Merkmal der orthodoxen Spiritualität, steht im Mittelpunkt der armenischen Spiritualität. Sie bezieht sich auf die Wiederherstellung des Menschen als Ebenbild Gottes und zielt auf die Erlösung der Menschheit und der gesamten Schöpfung in Christus hin, durch einen fortwährenden Akt der Umkehr und geistigen Transformation.
g) Und schließlich ist die armenische Spiritualität fest eingebettet im ekklesiologischen, dogmatischen und missiologischen Selbstverständnis der Armenischen Kirche. Jedes Element, jede Form und jede Manifestation der Spiritualität hat ihre spezifische Bedeutung und ihren Zweck im breiteren Kontext des Glaubens der Armenischen Kirche.

Steinmetzarbeiten an der Fassade der Vorhalle des Klosterkomplexes von Noravank', welcher im 13. Jahrhundert durch den Architekten Momik ausgeführt wurde. Im oberen Bereich ein Relief der Erschaffung Adams und im unteren die Gottesmutter mit Kind.

V. Kulturelle Tätigkeit

Die Armenische Kirche ist die Geburtsstätte einer genuin armenischen Kultur. Seit Beginn des 5. Jahrhunderts war sie das Epizentrum, das nicht nur das Wunder des armenischen Alphabets schuf, sondern auch eine entscheidende Rolle bei der Förderung, Bereicherung und Bewahrung aller Ausdrucksformen der armenischen Kultur spielte. Der christliche Glaube lebte durch die Kultur, und die Kultur wurde zu einem wirksamen Werkzeug für die Verbreitung und Festigung des Glaubens. Unter der soliden Leitung der Kirche machte sich der schöpferische Geist des armenischen Volkes vorchristliche kulturelle Entwicklungen und Modelle zu eigen, assimilierte und verwandelte sie in ein ausgeprägtes armenisch-christliches kulturelles Ethos. Daher kann die Bekehrung Armeniens zum Christentum mit Recht als Inkulturationsprozess beschrieben werden. Der Christianisierung Armeniens folgte die Armenisierung des Christentums. Diese bemerkenswerte geistige und kulturelle Transformation zeitigte einen unvergleichlichen Einfluss auf den künftigen Verlauf der armenischen Geschichte.

In der Tat bekamen Religion und Kultur, als ein eng verwobenes Ganzes, identitätsstiftenden Charakter für das ganze armenische Volk. Die meisten Zweige der armenischen Kultur blühten in der Kirche auf und schufen so das Goldene und das Silberne Zeitalter der Geschichte Armeniens. Bis zum 15. Jahrhundert wurde die armenische Kultur von der Religion beherrscht. Die Kultur war ein unerlässliches und wirksames Instrument, um den christlichen Glauben zu bewahren und zu artikulieren. Durch die Renaissance im Westen angestoßen und aus der Interaktion mit anderen Kulturen heraus, übte allerdings der entstehende Säkularismus einen starken Einfluss auf die Entwicklung der armenischen Kultur aus, vor allem in Kilikien. Aufgrund ihrer pluralistischen Umgebung war die armenische Kultur in Kilikien grundsätzlich empfänglicher sowohl für östliche als auch für westliche kulturelle Normen, Modelle und Strömungen. Als nach dem Fall des armenischen Königreiches in Kilikien die Armenische Kirche als einzige nationale Institution übrigblieb und die Bewahrung der Einheit und Identität der Nation oberste Priorität für die Kirche erlangte, wurde der Konsolidierung der Kultur hohe Bedeutung zugemessen.

Die Übersetzung der Bibel und der Kirchenväter

Die Sprache bildete einen entscheidenden Faktor bei der Armenisierung des christlichen Glaubens. Die Erfindung einer nationalen Schrift stieß eine dezidiert armenisch geprägte christliche Kultur an und wurde deren treibende Kraft. Die Übersetzung der Bibel hatte dabei für die Kirche oberste Priorität. Diese heilige und äußerst herausfordernde Aufgabe wurde von Katholikos Sahak und Mesrop Maštoc' unter Mithilfe ihrer Schüler ausgeführt. Zu diesen Schülern zählen Koriun, Ełišē, Eznik Kołbac'i, Movsēs Xorenac'i, P'awstos Biuzand, Mambrē Vercanoł, Yovhannēs Mandakuni und Łazar P'arpec'i. Aufgrund der herausragenden Bedeutung der Bibelübersetzung sprach die Kirche die Übersetzer als Gruppe heilig. Die erste Übersetzung wurde 411 nach einer syrischen Vorlage angefertigt, die sich aber bald als nicht zufriedenstellend erwies. Infolgedessen wurde eine Gruppe von Mesrops Studenten nach Byzanz geschickt, um dort ihre Kenntnisse der griechischen Sprache zu vervollkommnen. Die zweite Übersetzung erfolgte 434 dann nach einem griechischen Septuagintatext. Diese Übersetzung wird aufgrund der Exaktheit und Klarheit ihrer Sprache von westlichen Bibelwissenschaftlern und Armenologen als »Königin der Übersetzungen« bezeichnet. Der erste ins Armenische übersetzte Satz lautet: *»um zu lernen Weisheit und Zucht und zu verstehen verständige Rede«* (Spr 1,1). Die armenische Bibel umfasste ursprünglich 39 Bücher im Alten Testament und 27 Bücher im Neuen Testament. Die apokryphen Schriften wurden im 8. Jahrhundert übersetzt und in der Armenischen Kirche nach dem 12. Jahrhundert verwendet.

Aufgrund der einzigartigen Bedeutung der Liturgie für das christliche Leben folgte der Bibelübersetzung die Übersetzung der Liturgien von Ignatius von Antiochien, Athanasius, Gregor von Nazianz, Basilius dem Großen, Johannes Chrysostomos und Kyrill von Alexandrien. Auf der Grundlage dieser Liturgien wurde später die Liturgie der Armenischen Kirche weiter ausgearbeitet. Die Übersetzung früher patristischer Literatur war ein anderer wichtiger Bereich der kulturellen Tätigkeit der Kirche. Fast alle grundlegenden Werke der Kirchenväter wurden binnen kurzer Zeit entweder ganz oder teilweise ins Armenische übersetzt. Darunter befinden sich die Werke von Ignatius von Antiochien, Dionysius von Alexandrien, Athanasius von Alexandrien, Epiphanius von Zypern, Gregor von Nazianz, Eusebius von Cäsarea, Gregor von Nyssa, Basilius dem Großen, Johannes Chrysostomos, Kyrill von Alexandrien, Ephräm dem Syrer, Kyrill von Jerusalem, Diodorus von Tarsus, Theodor von Mopsuestia, Apollinarius, Irenäus von Lyon sowie die wichtigsten Werke von griechischen Philosophen wie Aristoteles und Platon. Abgesehen von ihrer theologischen, spirituellen und philosophischen Bedeutung wurden einige dieser armenischen Übersetzungen zudem die einzige Referenz, wenn die Originaltexte in der ursprünglichen Sprache nicht überliefert sind, wie zum Beispiel bei der *Kirchengeschichte* des Eusebius und einigen Schriften des Irenäus von Lyon.

Die Übersetzung bedeutender Werke der Kirchenväter blieb ein wesentlicher Aspekt der kulturellen Tätigkeit der Kirche. Mit den zunehmenden armenisch-lateinischen Kontakten wurden im 12. Jahrhundert die wichtigsten Werke einer Reihe von westlichen Geistlichen ins Armenische übersetzt. Die Übersetzung von griechischen, syrischen und lateinischen Kirchenvätern inspirierte armenische Autoren in kreativer Auseinandersetzung mit westlichen und östlichen kulturellen Denkströmungen, erweiterte so ihren Horizont und bereicherte das armenische kulturelle Ethos. Dieser Dialogprozess gewann in der Diaspora massiv an Bedeutung, wurde dabei existentiell und entwickelte sich zu einem permanenten Austausch. Unter all diesen Umständen blieb die armenische Kultur dennoch unverwechselbar und behielt ihre Integrität.

Abgesehen von einigen Initiativen vom 16. bis zum 19. Jahrhundert wurden die armenischen Kirchenväter erst im 20. Jahrhundert in westliche Sprachen übersetzt, als eine beträchtliche Anzahl von ihnen in der westlichen Wissenschaft plötzlich Interesse fand.

Wichtige Autoren der frühen armenischen Literatur

Die Armenische Kirche hat entscheidend zur Entwicklung des frühen armenischen literarischen, religiösen und wissenschaftlichen Schrifttums beigetragen, das die Fachgebiete Historiographie, Theologie, Philosophie, Dichtkunst, Naturwissenschaft, Astrologie, Kosmologie und Medizin sowie auch Übersetzungsliteratur umfasste. Mit einigen Ausnahmen waren alle Autoren Mitglieder des Klerus. Ich habe eine kleine Gruppe von prominenten Autoren, mit ihrem armenischen Namen, ausgesucht, die verschiedene Zweige des alten armenischen christlichen Schrifttums vertreten und wertvolle Informationen über bedeutende Aspekte, wichtige Ereignisse und herausragende Persönlichkeiten aus den verschiedenen Bereichen der armenischen Geschichte liefern. Durch ihr Schaffen, ihr Gestalten und ihre Weiterentwicklung von kulturellen Werten allgemein und konkreter von religiösem, wissenschaftlichem und ethischem Denken übten sie nachhaltigen Einfluss auf spätere kultuelle Entwicklungen aus.

Grigor Lusaworičʻ (Gregor der Erleuchter, 4. Jh.). Zwei Werke sind uns unter seinem Namen erhalten: *Die Lehre des heiligen Gregor*, eine Darlegung von Gottes erlösenden Taten, und *Stromateis*, eine Sammlung von dreiundzwanzig Predigten, die eine große Vielfalt von dogmatischen und pastoralen Themen berühren. Manche schreiben diese Werke auch dem hl. Mesrop zu, dem Erfinder des armenischen Alphabets.

Agatʻangełos (5. Jh.) wird als unser ältester Historiker angesehen. Seine Schrift *Geschichte der armenischen Bekehrung zum Chris-*

tentum ist eine einmalige Quelle für die frühe Entwicklung des Christentums in Armenien.

Movsēs Xorenacʿi (5. Jh.) wird als Vater der armenischen Geschichtsschreibung betrachtet. Sein Werk *Geschichte Armeniens* ist ein wichtiges Dokument für die frühe Geschichte Armeniens und enthält wertvolle Materialien über die vorchristliche Zeit in Armenien.

Pʿawstos Biuzand (5. Jh.) war ein bekannter Historiker, dessen Arbeiten sich vor allem auf das 4. Jahrhundert konzentrieren.

Łazar Pʿarpecʿi (5. Jh.) war ein Historiker, der über den armenischen Befreiungskrieg gegen das Sassanidische Reich schrieb.

Ełišē (5. Jh.) ist bekannt für seine *Geschichte von Vardan und des armenischen Krieges*, die im Einzelnen die Revolte der Armenier gegen die Herrschaft des sassanidischen Persiens erzählt.

Eznik Kołbacʿi (5. Jh.) war ein bekannter Philosoph, Theologe und Apologet. Sein Hauptwerk *Widerlegung der Sekten* ist eine fundierte Verteidigung des christlichen Verständnisses von Gott gegen zoroastrische, markionistische und griechische häretische und philosophische Auffassungen von Gott.

Koriun (5. Jh.) ist bekannt für seine *Biographie des Maštocʿ*, die die Erfindung des armenischen Alphabets belegt.

Yovhannēs Mandakuni (5. Jh.), ein bedeutender Theologe, schrieb *Predigten*, die bekannt sind für ihren ethischen, pastoralen und pädagogischen Charakter.

David Anhałtʿ (6. Jh.) war einer der großen aristotelischen Philosophen und Wissenschaftler seiner Zeit.

Sebēos (7. Jh.), ein bekannter Historiker, dessen Arbeiten detaillierte Angaben über die Geschichte Armeniens vor dem ersten Einfall der Araber enthalten.

Łevond (7. Jh.), ein namhafter Historiker, der die arabische Herrschaft über Armenien dokumentierte.

Komitas Katholikos (7. Jh.), ein hervorragender Hymnologe und Theologe, stellte eine Sammlung *(florilegium)* aus Kirchenväterzitaten zusammen, die sich hauptsächlich mit der Christologie befassten.

Anania Širakacʻi (7. Jh.) war ein großer Mathematiker, Philosoph, Astronom und Geograph, den man als ersten Naturwissenschaftler Armeniens betrachtet.

Vrdanēs Kʻertʻoł (7. Jh.), ein bekannter Liturgist; seine Abhandlung *Über die Bilderstürmer* wird als gewichtiger Versuch angesehen, die Verehrung der Bilder in der Kirche zu verteidigen.

Yovhannēs Ōjnecʻi-Imastasēr (8. Jh.) war ein herausragender Theologe und seine Abhandlungen *Über die Kirche, Gegen die Paulikianer* und *Gegen die Phantasiasten* sind Ausführungen der dogmatischen Lehre der Armenischen Kirche und Widerlegungen der beiden Häresien.

Yovhannēs Drasxanakertcʻi (10. Jh.) war ein bedeutender Historiker, dessen Arbeit die Geschichte des armenischen Volkes von Anfang an schildert, mit besonderem Bezug zu den Katholikoi der Armenischen Kirche.

Tʻovma Arcruni (10. Jh.), Historiker der Arcruni-Dynastie; seine Arbeiten befassen sich mit dem 9. und 10. Jahrhundert.

Grigor Narekacʻi (10. Jh.) ist ein international bekannter Dichter, Philosoph, Theologe und hochverehrter Mystiker. Sein Hauptwerk *Das Buch der Klagelieder* ist ein Dialog mit Gott in Form von Gebeten. Aufgrund seiner tiefen Spiritualität wurde dieses Buch vom armenischen Volk als »zweite Bibel« betrachtet.

Asołik (10.–11. Jh.), Historiker während der Herrschaft der Pakraditen-Dynastie.

Grigor Magistros (11. Jh.), ein vielseitig talentierter Schriftsteller. Seine Werke schließen Übersetzungen, Briefe, Gedichte, Musik, Romane und andere literarische Formen ein.

Mxitʻar Gōš (12. Jh.) ist bekannt für sein *Buch der Kanones*, das eine wichtige Quelle für die Kanones und Regeln der Armenischen Kirche bildet.

Nersēs Šnorhali (12. Jh.), ein produktiver Schriftsteller, der mit seinen Hymnen und Gebeten einen einmaligen Platz innerhalb der Liturgie der Armenischen Kirche einnimmt. Seine Werke *Das Wort des Glaubens* und *Glaubensbekenntnis* geben einen konzisen Überblick über den Glauben und die lehrmäßige Position der Armenischen Kirche.

Nersēs Lambronac'i (12. Jh.), ein herausragender Theologe, dessen Kommentare, Abhandlungen und Predigten besondere Aufmerksamkeit verdienen.

Grigor Tat'ewac'i (15. Jh.), bedeutender Theologe, Philosoph und Scholastiker. Sein wichtigstes Werk ist das *Frage-Buch*, in dem er im Frage-Antwort-Stil die theologischen Ansichten der Armenischen Kirche im Kontrast zur Lehre der katholischen Kirche darlegt.

Aristakēs Lastivertac'i (11. Jh.), Samuel Anec'i (12. Jh.), Matt'ēos Uṙhayec'i (12. Jh.), Kirakos Ganjakec'i (13. Jh.), Vardan Arevelc'i (13. Jh.) und Step'anos Orbēlian (13. Jh.) überliefern reichhaltige Informationen über die Geschichte Armeniens, die Armenische Kirche und die persischen und byzantinischen Herrschaftsgebiete.

Sahak III. Jorap'orec'i (8. Jh.), Step'anos Siunec'i (8. Jh.), Xosrovik T'argmanič' (8. Jh.), Xosrov Anjewac'i (10. Jh.), Petros Getadarj (11. Jh.), Grigor Pahlawuni (12. Jh.), Grigor Skewṙac'i (13. Jh.), Yakob Klayec'i (13. Jh.), Yovhannēs Pluz (13. Jh.), Kirakos Erzenkac'i (13. Jh.), Vardan Aygekc'i (13. Jh.), Xač'atur Kesarac'i (13. Jh.), Frik (13. Jh.), Yovhannēs Erzenkac'i (13. Jh.) und Yovhan Oretnec'i (14. Jh.) erörtern dogmatische, exegetische, liturgische, pastorale, ethische und pädagogische Fragen.

Einige dieser Werke sind ins Englische und Französische übersetzt worden sowie teilweise auch ins Deutsche, Griechische, Italienische und Arabische.[1] Die meisten Werke dieser alten Schriftsteller wurden ins westliche und östliche Armenisch übersetzt, als die moderne armenische Sprache im frühen 19. Jahrhundert die klassische Sprachform ersetzte.

Die Moderne, die die letzten drei Jahrhunderte umfasst, ist als Epoche des Wiederauflebens bekannt. Die armenische Literatur dieser Periode, die von Nationalismus und Romantik beherrscht wird, gedieh hauptsächlich in Konstantinopel, Tiflis und Jerusalem, zu einem späteren Zeitpunkt dann in Jerewan, Beirut und

[1] Vgl. dazu die Auswahlbibliographie im Literaturverzeichnis dieses Buches *(Anhang F)*.

Paris. Der armenische Klerus aller Ränge, vor allem die Katholikoi Xrimian und Sahak, die Patriarchen Ełišē Durian, T'orgom Gušakian und Ełišē Tērtērian, hat in bedeutender Weise mit seinen literarischen Arbeiten zur Entwicklung der modernen armenischen Literatur beigetragen.

Beitrag zur Malerei, zum Druckwesen und zur Musik

Jahrhundertelang hat die Kirche die armenische Kultur geschützt und stark gefördert. Die Kultur hat sich in all ihren Bereichen, Dimensionen und Ausprägungen zu einem grundlegenden Werkzeug entwickelt, um den Glauben und die Spiritualität der Armenischen Kirche zu artikulieren und zu vermitteln. Die Kirche hat einen großartigen Beitrag zu den vielfältigen Bereichen der armenischen Kultur geleistet. Innerhalb des begrenzten Umfangs dieses Buches möchte ich drei spezifische Bereiche von besonderer Bedeutung hervorheben:

1) Die Kunst der Handschriftmalerei, die bis ins 5. Jahrhundert zurückreicht, bildete einen ergiebigen Wirkungsbereich der armenischen Kultur. Illuminierte Handschriften wurden in der Regel von Katholikoi, Prinzen, Prinzessinnen und anderen Mitgliedern der königlichen Familie bestellt und zumeist in Klöstern von Mönchen geschrieben, die man *całkoł* (Maler) nannte. Die Handschriften wurden in leuchtenden Farben illuminiert und ihnen wurde eine besondere Bedeutung beigemessen. Die Anfangsbuchstaben der Kapitel wurden gewöhnlich mit Vögeln dekoriert. Die Handschriften enthielten auch Kolophone, also Schlussformeln mittelalterlicher Handschriften, die wichtige Informationen über den Schreiber, den Auftraggeber, das Entstehungsdatum und die Namen des Herrschers und des regierenden Katholikos sowie Hinweise auf wichtige historische Ereignisse umfassten. Etwa 15 000 der 30 000 noch erhaltenen Manuskripte (vom 9. bis 19. Jahrhundert) sind mit verschiedenen biblischen Szenen, Ereignissen und Figuren illuminiert.

Nach allgemeiner Schätzung werden etwa 17 000 Manuskripte in der Nationalbibliothek von Jerewan (Armenien) aufbewahrt, 4000 bei der Mekhitaristen-Bruderschaft in Venedig (Italien), 4000 im Armenischen Patriarchat von Jerusalem, 2500 bei der Mekhitaristen-Bruderschaft in Wien (Österreich), 2000 im Armenisch-Katholischen Patriarchat von Bzommar (Libanon), 1400 beim Heiligen Stuhl von Etschmiadsin (Armenien), 300 beim Heiligen Stuhl von Kilikien in Antelias (Libanon), 750 im All-Erlöser Kloster in Neu-Dschulfa (Iran), 200 in der Prälatur von Aleppo (Syrien) und 3000 in individuellen Sammlungen, Bibliotheken und Museen im Nahen Osten, in Europa und in den Vereinigten Staaten. Reich verziert mit Miniaturen sind die ältesten und wertvollsten Handschriften: das Evangeliar der Königin Mlk'ē (862), das Lazarian-Evangeliar (887), das Etschmiadsin-Evangeliar (989), das Mułni-Evangeliar (1050–1060), das Xoranašat-Evangeliar (1224), das T'argmanč'ac'-Evangeliar (1232), das Barjrberd-Evangeliar (1248), das Malatia-Evangeliar (1267) und das Het'um-Lektionar (1286).

Praktisch jedes Kloster besaß ein Skriptorium, in dem die Handschriften angefertigt sowie Schreiber und Maler unterrichtet wurden. In Armenien war Siunik' ein pulsierendes Zentrum der Kunst der Miniaturmalerei, die vor allem in Ayrivank', Spitakavor, Noravank' sowie Gntevank' und nach dem 9. Jahrhundert auch in anderen Klöstern florierte. Berühmt für ihre Maler und Schreiber, verdienen die Klöster Tat'ew und Glajor besondere Aufmerksamkeit. Diese Schulen zeichnen sich durch ihre je eigene Anwendung von Farben, Formen und Ausdrucksweisen aus. Yovhan Oretnec'i und sein Schüler Grigor Tat'ewac'i waren bedeutende Schreiber und Miniaturmaler und bildeten mehrere später berühmte Maler wie T'ovma Mecobec'i, Aṙak'el Siunec'i, Matt'ēos J̌ułayec'i, T'oros Tarōnac'i und Momik aus.

Auch während der kilikischen Periode florierte die Kunst der Miniaturmalerei und führte zu einigen der schönsten Beispiele dieser Kunstform in der Geschichte. Zu den bedeutenden Miniaturmalern zählen T'oros Ṙoslin, Kirakos (13. Jh.), Sargis Picak, Grigor Mličec'i, Grigor Picak, Vardan, Kostandin und Step'anos (14. Jh.). Die Klöster von Skewṙa, Hṙomkla, Drazark, Akner, Sis und Mlič waren lebendige Zentren der Miniaturmalerei. In den folgenden Jahrhunderten entwickelte sich die Miniaturmalerei auch auf der Krim, in Polen, Dschulfa, Neu-Dschulfa, Van und Konstantinopel. Einerseits beeinflussten dabei, vor allem im Iran, islamische Miniaturen armenische und andererseits hatten armenische Miniaturen auch Einfluss auf byzantinische. Gebetsrollen, bekannt als *Hmayil*, spielten eine wichtige Rolle in der spirituellen Kultur der Kirche. Sie lassen sich auf 1428 datieren. Im Allgemeinen sechs bis neun Zentimeter breit und fünf bis sieben Meter lang enthalten *Hmayilner* auch Miniaturen und Kolophone. Der Niedergang der Handschriftenherstellung und der Miniaturmalerei begann im 16. Jahrhundert mit dem Aufkommen des Buchdrucks.

2) Die Armenier zählten zu den ersten, die Bücher druckten. Sie begannen damit etwa zwanzig Jahre nach Gutenbergs Erfindung der Druckpresse, zunächst in der Diaspora und dann durch Mitglieder des Klerus auch in Armenien selbst. Yakob Mełapart richtete die erste armenische Druckpresse 1512 in Venedig ein. Er druckte die Werke *Urbat'agirk'* (Freitagsbuch), *Tałaran* (Buch der Oden), *Pataragatetr* (Missale), *Ałt'ark'* (Sammlung von Gebeten, alte Volkstraditionen hinsichtlich Medizin, spiritueller Heilung und Kosmologie) und *Parzatumar* (Kalender und Mondsystem). Yovhannēs Terznec'i übersetzte und veröffentlichte 1584 den *Gregorianischen Kalender* in Rom; Erzbischof Xač'atour Kesarac'i druckte 1638 den *Psalter* in Neu-Dschulfa (Iran); der Vartapet Voskan druckte von 1666 bis 1668 in Amsterdam (Niederlande) die *Bibel*; Grigor Marzvanec'i druckte 1706 das armenische *Synaxarion* in Konstantinopel; Katholikos Simon von Jerewan druckte 1772 die Schrift *Zbosaran Hogewor* (Spirituelles Wandern) in Etschmiadsin, und Bischof Yovsēp' Arłut'ian druckte 1781 das Werk *Tetrak Aybbenakan* (Abecedarium) in St. Petersburg (Russland).

Der Journalismus in Armenien wurde 1794 ins Leben gerufen, als Vater Yarut'iun Šmavonian die erste armenische Zeitung *Azdarar* in Madras (Indien) druckte. In den folgenden Jahrhunderten wurden zahlreiche armenische Tageszeitungen und Zeitschriften von Mitgliedern des Klerus gegründet. Die Armenische Kirche richtete Druckpressen in St. Petersburg, Konstantinopel, Tiflis,

Madras, Lwiw, Mailand, Paris, Rom, Neu-Dschulfa, Marseille, Amsterdam, Etschmiadsin, Antelias, Jerusalem, Täbriz sowie Aleppo und überall, wo auch immer organisierte armenische Gemeinschaften lebten, ein. Im 16., 17. und 18. Jahrhundert verbreitete sich die armenische Druckkunst: Tausende von Bänden hauptsächlich religiöser Literatur wurden gedruckt. Diese Veröffentlichungen finden sich in den wichtigsten armenischen Bibliotheken unter der Auflistung »alte Bücher«. Die Kirche hat auch Fonds geschaffen, um das Druckwesen zu unterstützen, und finanzierte die Veröffentlichung wertvoller Werke. Trotz des großen Fortschritts im Bereich elektronischer Kommunikation und Information widmet die Armenische Kirche dem Druckwesen auch weiterhin besondere Aufmerksamkeit.

3) Die armenische Musik verdankt ihren Ursprung zu einem großen Teil der Armenischen Kirche. Der Großteil der armenischen Kirchenmusik wurde von Mitgliedern des Klerus geschrieben und komponiert. Die wohl bedeutendsten Komponisten sind: Mesrop Maštocʿ, Movsēs Xorenacʿi, Stepʿanos Siunecʿi, Sahak Jorapʿorecʿi, Vardan Arevelcʿi, Grigor Magistros, Georg Erzengacʿi, Nersēs Lambronacʿi; unter den Katholikoi hatten Sahak, Mandakuni, Komitas, Ōjnecʿi, Getadarj, Pahlawuni und Nersēs Šnorhali einen beträchtlichen Einfluss auf die Entfaltung der Sakralmusik. Zu den wenigen Laien, die zur Entwicklung der armenischen geistlichen Musik beitrugen, gehören auch zwei Frauen, die im 8. Jahrhundert lebten, Sahakaduxt Siunecʿi und Xosroviduxt Gołtʿnacʿi. Die Rolle der Kirche im Bereich der volkstümlichen Musik ist ebenfalls erwähnenswert. Sayat Nova (18. Jh.) gilt als großer Volkssänger und Komponist. Abgesehen von seiner wichtigen Rolle in der Entwicklung der Kirchenmusik wird Komitas Vardapet als Gründer der modernen armenischen Klassik angesehen. In der Neuzeit haben Erzbischof Zareh Aznavourian und andere kirchliche Hierarchen wesentlich zur armenischen Kirchenmusik beigetragen. So übten Geistliche als Sammler, Komponisten, Dirigenten und Interpreten tiefgreifenden Einfluss auf die religiöse und weltliche Musik aus.

·Ղազարու հարութիւնը:

Die Auferstehung des Lazarus,
Illumination aus einem armenischen Evangeliar
des 13. Jahrhunderts aus Kilikien
(MM-Nr. 9422, folio 16a).

VI. Soziales Handeln

Christus vermittelte seinen Jüngern die Werte des Reiches Gottes; er ging aber auch zu den Menschen und diente ihnen, wobei er sich mit den Armen, den Ausgegrenzten und den Unterdrückten identifizierte. Die Kirche erfüllt ihre wahrhafte Berufung, indem sie hinausgeht und zu einer dienenden Kirche wird. Dem anderen zu dienen, ist in der Tat eine essentielle Dimension des Wesens und der missionarischen Berufung der Kirche.

Für die Armenische Kirche war soziales Handeln oder sozialer Dienst – in ökumenischen Kreisen auch unter dem griechischen Begriff *diakonia* bekannt – nie einfach nur ein humanitärer Dienst, der aus der Verteilung von Kleidung, Medikamenten oder Lebensmitteln an Bedürftige besteht. Vielmehr war es im Wesentlichen Teilhabe am Leid des anderen, wodurch ganz konkret Christi mitleidende Liebe zum Ausdruck kommt. Der soziale Dienst, d.h. das transformative Handeln der Kirche in Christus, will soziale Gerechtigkeit herbeiführen und die Menschen in einen Prozess der Selbstentfaltung und Eigenständigkeit einbinden. Von Anfang an hat die Armenische Kirche den diakonischen Dienst zu einem wesentlichen Bereich ihrer Sendung gemacht. Es gab bestimmte Zeiten in der Geschichte, in denen der soziale Dienst umfassend Ausdruck und eine organisierte Form fand sowie einen weitreichenden Umfang hatte. Zu anderen Zeiten wiederum verlor er aufgrund ungünstiger Voraussetzungen in der Kirche seine Vitalität und Wirksamkeit.

Charakteristische Merkmale der kirchlichen Diakonie

Vier bedeutsame Aspekte des diakonischen Dienstes der Armenischen Kirche verlangen unsere Aufmerksamkeit:

Eine dienende Kirche

Seit der Anfangszeit ihrer Institutionalisierung versteht sich die Armenische Kirche im Grunde als eine dienende Kirche und identifiziert sich deshalb mit den Bedürfnissen der Menschen, indem sie sich aktiv und umfassend für ein menschenwürdiges Leben in all seinen Dimensionen engagiert. Darum wurde der soziale Dienst der Kirche auch nie systematisiert oder aufgeteilt. Um jedoch einerseits wirksamer auf die sich ändernden Bedingungen und wachsenden Erwartungen der Menschen einzugehen und andererseits die zunehmende und sich diversifizierende diakonische Arbeit zu organisieren, hat die Kirche in den letzten Jahrzehnten innerhalb ihrer administrativen und funktionalen Strukturen auf der Welt-, Diözesan- und Gemeindeebene spezielle Abteilungen geschaffen. Über all diese institutionalisierten Ausprägungen des sozialen Dienstes hinaus hat die Kirche das eigentliche Wesen der Diakonie und ihr Selbstverständnis als dienende Kirche beibehalten.

Integrierter Ansatz des sozialen Dienstes

Die Sozialarbeit der Armenischen Kirche wurde immer von geistigen und moralischen Werten geleitet und durch seelsorgerische und wirtschaftliche Erwägungen angetrieben. So hat sie durch ihre Sozialarbeit nicht einfach versucht, den Armen zu helfen oder wohltätig zu sein, sondern vielmehr die Armut zu eliminieren und ungerechte sozio-ökonomische Strukturen und Praktiken umzugestalten. Die Kirche versucht, durch soziale Diakonie das christliche Selbstverständnis zu vertiefen und so die Menschen zu ermächtigen, sich für moralische Erneuerung und gesellschaftlichen Wandel einzusetzen. Schon in den frühen Jahren hat die Armenische Kirche Regeln geschaffen, um angemessen mit sozialen und wirtschaftlichen Anliegen und Belangen umzugehen, mit dem Ziel der moralischen Erziehung und pastoralen Führung. Die geistige Erneuerung der Menschen ist in der Tat eines der Hauptanliegen der kirchlichen Diakonie.

Aufbau der Gemeinschaft

Der soziale Dienst ist in all seinen Aspekten, Ausprägungen und Auswirkungen auf die Gemeinschaft ausgerichtet. In ihrem sozialen Dienst ist die Kirche bestrebt, die moralischen, sozialen und wirtschaftlichen Grundlagen der Glaubensgemeinschaft zu fördern, die Werte und Grundsätze des Evangeliums zu unterstützen sowie Selbstentfaltung und Eigenständigkeit voranzubringen. Die Kirche initiiert, entwickelt und verwirklicht ihre diakonischen Projekte und Programme so, dass sie über die Grenzen des Einzelnen hinausgehen und die ganze Gemeinschaft umfassen sowie deren Aufbau vorantreiben. Dieser auf die Menschen konzentrierte und ausgerichtete, ganzheitliche Ansatz in der Ausübung der Diakonie hat in der Tat enorm zur Stärkung der Gemeinschaft beigetragen, vor allem in der Diaspora.

Dynamischer Austausch zwischen Diakonie und Erziehung

Im sozialen Dienst der Armenischen Kirche sind die drei Dimensionen des Wesens und des Auftrags der Kirche eng miteinander verbunden, nämlich *Koinonia* (Gemeinschaft), *Diakonia* (Dienst) und *Kerygma* (Verkündigung). Von Anfang an besaß in der Armenischen Kirche das soziale Handeln starken Einfluss auf das tägliche Leben und die christliche Erziehung der Menschen. Die Vision des Gregor des Erleuchters ging über den Wunsch hinaus, das Christentum zur Staatsreligion zu machen; er strebte danach, das

Leben der Menschen dadurch zu verwandeln, dass die Gebote und Kernwerte des christlichen Glaubens das Wesen der Nation durchdringen. Indem er die sozialen und seelsorgerischen Bedürfnisse der Menschen an der Basis befriedigte, trieb Katholikos Nersēs diese Vision voran; er baute Kranken- und Waisenhäuser, Altersheime, Einkehrstätten für Pilger sowie sozialmedizinische Zentren. Den Historikern jener Zeit zufolge war das soziale Engagement der Kirche so effektiv, dass es in Armenien weder Bettler noch Arme gab. Die Historiker nennen Katholikos Nersēs daher den Großen, aufgrund seiner bemerkenswerten Leistung auf dem Gebiet der Sozialarbeit.

Die armenische Diaspora – Schwerpunkt der kirchlichen Diakonie

Während der soziale Dienst zu allen Zeiten für die Kirche ein äußerst wichtiges Anliegen und ein Bereich aktiven Engagements blieb, bestimmten die historischen Umstände und sich wandelnde Bedürfnisse unseres Volkes die Prioritäten des sozialen Dienstes der Kirche. Nach dem Fall des armenischen Königreiches Kilikien wurde das soziale Engagement der Armenischen Kirche aufgrund der den religiösen Aktivitäten auferlegten Beschränkungen im Osmanischen, Persischen und Russischen Reich und später im sowjetischen Armenien eingeschränkt. In der Diaspora war die Lage anders. Nach dem Völkermord verschärften die massiven Deportationen und die Zerstreuung der Armenier die große Dringlichkeit der Diakonie. Gleichzeitig veränderten sie ihre Prioritäten beträchtlich und erweiterten ihre Rahmenbedingungen. Die Bedürfnisse waren zahlreich und sehr unterschiedlich, vor allem in den Gemeinschaften des Nahen Ostens. Da diese Gemeinden aus den Überlebenden des Genozids bestanden, gab es dort vor allem eine große Zahl an Waisen, Witwen und Menschen ohne Wohnung und Arbeit.

Inmitten von Ungewissheit und Verzweiflung konzentrierte sich die Kirche auf die Etablierung einer starken Gemeinschaft, sowohl durch ihre kurz- und langfristigen Programme als auch durch ihre Bau- und Entwicklungsprojekte. Sie errichtete neue Pfarrkirchen und Gemeindeschulen, um die Bedürfnisse der Menschen in den Bereichen des Spirituellen und der Bildung zu befriedigen. Mit dem voranschreitenden Prozess der Gemeinschaftsbildung unterstützte die Kirche auch den Aufbau sozialer und humanitärer Organisationen und Zentren, um auf die sozialmedizinischen und humanitären Erfordernisse der Menschen einzugehen. Durch seine intensive soziale Tätigkeit spielte das Katholikossat von Kilikien in der Tat eine entscheidende Rolle in dieser Aufbauphase der Diaspora.

Hier muss der außergewöhnliche Beistand von DanChurchAid, der Evangelisch-reformierten Kirche der Schweiz, der Schweizer Armenierfreunde, der amerikanischen Near East Relief Foundation, der Action Chrétienne en Orient und von anderen westlichen Missions- und Hilfsorganisationen gegenüber dem armenischen Volk nach dem Völkermord in der schwersten Phase seiner modernen Geschichte erwähnt werden. Nach den Massakern an den Armeniern im Osmanischen Reich 1896 gründeten und unterhielten jene Kranken- und Waisenhäuser, Alters- und Witwenheime sowie zahlreiche andere humanitäre Zentren. Ihr humanitärer Einsatz intensivierte sich, vor allem während und nach dem Völkermord. Diese westlichen Kirchen, Missionsgesellschaften und Hilfsorganisationen betrieben nie Proselytismus. Die meisten ihrer Mitarbeiter lernten Armenisch, machten sich mit der Geschichte unserer Kirche und unseres Volkes vertraut und konzentrierten sich vollständig darauf, armenischen Waisen, Flüchtlingen und bedürftigen Familien zu helfen. Sie arbeiteten eng mit der Armenischen Kirche wie auch der Armenisch-Evangelischen Kirche zusammen, und als sie erkannten, dass die armenischen Kirchen in der Lage waren, ihren diakonischen Dienst alleine weiterzuführen, übertrugen sie ihnen ihre sozialen und humanitären Einrichtungen ohne irgendwelche Erwartungen oder Bedingungen. Diese historische Tatsache ist für mich eine eloquente und beispielhafte Illustration dessen, was in der ökumenischen Bewegung als »zwischenkirchliche Hilfe« oder »Teilen von Ressourcen« bezeichnet wird.

Soziales Handeln – ein anhaltendes Anliegen

Soziales Handeln bleibt ein vorrangiges und existentielles Anliegen für die Armenische Kirche. Nachfolgend werden einige spezifische Bereiche der kirchlichen Diakonie angeführt:

Das *Birds' Nest* (Vogelnest), 1926 in Jbeil im Libanon von der dänischen Missionarin Maria Jacobsen gegründet, spielte eine massgebliche Rolle bei der Zusammenführung und Ausbildung tausender Waisen des Völkermords. 1970 wurde das Waisenhaus der Obhut des Katholikossats von Kilikien übergeben. Unter der unmittelbaren Fürsorge und Aufsicht der Kirche dient es auch weiterhin Waisen und Kindern aus zerbrochenen Familien.

Das *Altersheim*, das 1923 in Ghazir im Libanon von den Schweizer Armenierfreunden gegründet und 1946 nach Bourj Hammoud verlegt wurde, versieht weiterhin seinen Dienst für jene Senioren, die in dieser Gemeinschaft leben möchten. Die Armenische Kirche und die Armenisch-Evangelische Kirche beaufsichtigen die Arbeit dieses Zentrums gemeinsam.

Das *Institut für Blinde und Gehörlose*, gegründet 1915 in Ghazir im Libanon von der American Near East Relief Foundation (Amerikanische Hilfsorganisation für den Nahen Osten) und 1928 von den Schweizer Armenierfreunden übernommen, ist kürzlich zu einem integralen Teil des vorgenannten Altersheims geworden.

Das *Sanatorium von Azounieh*, das 1923 in Maameltein im Libanon gegründet und 1936 nach Azounieh verlegt wurde, entstand durch Spenden amerikanischer Armenier zur medizinischen Versorgung der Überlebenden des Völkermords. Dieses medizinische Zentrum spezialisierte sich auf Lungenkrankheiten, und seine Dienste erstreckten sich auch über die Grenzen Armeniens hinaus. Heute gehört zum Sanatorium auch ein Altersheim. Es wird gemeinsam von der Armenischen Kirche und der Armenisch-Evangelischen Kirche getragen.

Das *Altersheim in Athen*, gegründet 1956 von den Schweizer Armenierfreunden, führt seine humanitäre Hilfe unter der gemeinsamen Trägerschaft des Katholikossats von Kilikien und des Schweizerischen Evangelischen Kirchenbundes fort.

Die *Armenian Relief Society* (gegründet 1929), die *Armenian General Benevolent Union* (gegründet 1906), die *Armenian Educational Benevolent Union* (gegründet 1969), die *Howard Karageuzian Foundation* (gegründet 1921), der *Jinishian Memorial Fund* (gegründet 1966), das *Center for Armenian Handicapped in Lebanon* (gegründet 1923) und das *Zevartnots Center for Retarded Children* (gegründet 1987) sind genuin zwar nicht mit der Kirche verbunden, genießen aber ihre volle Unterstützung. Diese Hilfsorganisationen, von denen einige sozialmedizinische Zentren und lokale Niederlassungen sowohl in Armenien als auch in Diaspora-Gemeinschaften betreiben, leisten wertvolle Dienste für bedürftige Armenier und bei Bedarf auch für Nicht-Armenier, ohne irgendwelche Diskriminierung. In den letzten Jahrzehnten hat die Kirche neue Hilfsorganisationen und Programme in Diaspora-Gemeinschaften wie auch in Armenien unterstützt.

Ein weiterer Bereich der Sozialarbeit der Armenischen Kirche sind die *Wohnungsbauprojekte* für Familien mit niedrigem Einkommen und frisch verheiratete Paare. 1960 rief das Katholikossat von Kilikien ein ehrgeiziges Wohnungsbauprojekt mit 250 Wohnungen in Fanar im Libanon ins Leben. Dem folgte 2008 ein weiteres Projekt mit 100 Wohnungen in derselben Gegend. In einem geringeren Umfang hat die Armenische Kirche ähnliche Projekte im Iran, im Libanon und in Syrien verwirklicht. Der Bau von Wohnungen für junge Paare und bedürftige Familien hat nach wie vor eine hohe Priorität auf der Tagesordnung der Kirche.

Der diakonische Dienst der Armenischen Kirche umfasst ebenso eine Vielzahl von Programmen und Projekten sowie Initiativen zum Fundraising, zur Soforthilfe und für den Wiederaufbau in Notlagen wie dem libanesischen Bürgerkrieg (1975–1990), dem Golfkrieg (1991) und den Konflikten im Irak (2002) und in Syrien

(2012). In sozio-ökonomischen Krisensituationen schafft die Kirche spezielle Programme zur Beschäftigung Arbeitsloser sowie verschiedene Hilfsangebote für die Verarmten, um ihnen dabei zu helfen, ihre finanzielle Stabilität und wirtschaftliche Sicherheit wiederzuerlangen.

Der sozio-humanitäre Umgang der Kirche mit den Folgen des Erdbebens in Armenien (Dezember 1989) war in der Tat bemerkenswert. Die beiden Katholikossate organisierten die finanziellen Mittel, um die Grundbedürfnisse der Familien zu stillen, und unterstützten eine Anzahl von Projekten mit dem Ziel des sozio-ökonomischen Wiederaufbaus. Durch die Wiederherstellung der Unabhängigkeit Armeniens 1991 und die Selbstbestimmung der Armenier in Bergkarabach erfuhr die Sozialarbeit der Armenischen Kirche einen erneuten Anstoß und größere Ausbreitung. Das Katholikossat von Etschmiadsin ergriff verschiedene Initiativen, u.a. in der Gesundheitsfürsorge oder bei der Hilfe für Kriegswaisen und Kinder aus zerbrochenen Familien. Mit der Unterstützung von Spendern aus Diaspora-Gemeinden wurden in Armenien und Bergkarabach Krankenhäuser und sozialmedizinische Zentren errichtet. Spender aus der Diaspora, Organisationen und Gemeinschaften schufen auch Wohnungsbauprojekte für bedürftige Familien. In diesem Zusammenhang ist es wichtig, den Bau des »Cilicia village« in Bergkarabach durch das Katholikossat von Kilikien zu erwähnen.

Der diakonische Dienst der Armenischen Kirche schreitet immer rascher voran und nimmt entsprechend den sich ändernden lokalen Voraussetzungen und Prioritäten unterschiedliche Gestalt, Formen und Ausprägungen an. Spezialisierte Ausschüsse, die inzwischen zu einem wesentlichen Teil der Aktivitäten der Gemeinden und Diözesen geworden sind, engagieren sich intensiv in der Sozialarbeit der Kirche. Die Sozialarbeit der Armenischen Kirche zeichnet sich heute durch gemeindeorientierte Projekte und Aktivitäten aus, die sich breit gefächert um soziale und humanitäre Belange kümmern – von Soforthilfe bis Entwicklungszusammenarbeit, von Gesundheitsfürsorge bis Bildung. Angesichts des raschen und enormen Wandels im Lebensstil und in den Erwartungen unserer Gemeinschaften, sowohl in Armenien als auch in der Diaspora, ist die Kirche aufgerufen, ihre Theologie der Diakonie zu überprüfen. Sie muss ihre Methode der Sozialarbeit überarbeiten, indem sie den Nachdruck auf eine prophetische und nicht auf eine institutionelle Diakonie legt, auf Gemeindeaufbau und nicht auf den projektorientierten humanitären Dienst, auf Eigenständigkeit und nicht auf Wohltätigkeit. Ferner sollten Bewusstseinsbildung im Blick auf soziale Gerechtigkeit sowie die Förderung der Menschenwürde auch weiterhin die Leitprinzipien des diakonischen Zeugnisses der Armenischen Kirche in der Welt von heute sein.

zur Hauptaufgabe der Kirche. Durch theologische, pastorale, spirituelle und moralische Schriften der Kirchenväter, konziliare Lehren, diakonische Aktivitäten und das biblische Zeugnis legte die Kirche größten Nachdruck auf die entscheidende Bedeutung der Bildung, zuerst in Armenien, dann in Kilikien und schließlich auch in der Diaspora. Als eine der wichtigsten Prioritäten ihres missionarischen Wirkens engagierte sich die Kirche intensiv durch eine Vielzahl von Programmen und Aktivitäten für die spirituelle, moralische und nationale Prägung ihrer Glieder. Dieses integrierte und ganzheitliche Vorgehen im Bereich der Bildung ist nach wie vor wesentlich für die Armenische Kirche.

Klöster – Zentren der Bildungsarbeit

Neben der höchst bemerkenswerten Rolle, die die Klöster bei der Entwicklung des theologischen Denkens, der Förderung der Spiritualität der Kirche und der Bereicherung der armenischen Kultur spielten, wurden sie zu florierenden Zentren der Bildung und des Lernens. Die ersten Universitäten in Kleinasien entstanden in Armenien. Die Klöster von Siunik‘, Sevan, Narek, Sanahin, Tat‘ew, Hałbat, Ani, Glajor, Drazark und Skevṙa wurden zu angesehenen Zentren des Studiums und der Forschung. Sie erwarben sich ihr Renommee aufgrund der hervorragenden Qualität ihrer akademischen Ausbildung, ihrer Bibliotheken, berühmter Intellektueller, Lehrer und ausgezeichneter Studienabgänger. Zu ihrem akademischen Lehrplan gehörten Theologie, Philosophie, Rhetorik, Astrologie, Geographie, Grammatik, Kunst, Literatur und andere bedeutende Wissenschaftszweige.

In Kilikien standen die Klöster in permanentem Kontakt mit Europa, übernahmen westliche Perspektiven und Werte, Methoden und Disziplinen und passten sie dem pluralistischen Umfeld in Kilikien an, während sie gleichzeitig den Kernwerten und Grundlehren der Armenischen Kirche treu verbunden blieben. Mit dem Zerfall des armenischen Königreichs von Kilikien ver-

VII. Engagement in der Bildung

Bildung ist ein wesentlicher Aspekt der missionarischen Berufung der Armenischen Kirche. Die Kirche fördert christliche Werte und stärkt die christliche Erziehung durch Bildungsarbeit; sie erfüllt ihr missionarisches Engagement, indem sie ein breites Netz von Schulen, Bildungsprogrammen und -aktivitäten unterstützt. Die Kirche arbeitet fortwährend daran, sicherzustellen, dass die Bildungsstrukturen, -programme und -methoden den spezifischen Bedürfnissen der Gemeinschaft in ihrem jeweiligen konkreten Kontext entsprechen.

Die erste armenische Schule

Die Entwicklung des armenischen Alphabets im 5. Jahrhundert führte unmittelbar zur Gründung der ersten armenischen Schule. Der hl. Mesrop Maštocʿ, der beispielgebende armenische Lehrer, brachte zusammen mit Katholikos Sahak einer Gruppe auserwählter Studenten die armenische Schriftsprache bei. Diese Studenten, von Historikern als die heiligen Übersetzer bezeichnet, spielten eine federführende Rolle bei der Ausgestaltung der armenischen christlichen Erziehung. Die Kirche gedenkt ihrer nach wie vor zu Beginn eines Schuljahres.

Die erste Generation armenischer Lehrer setzte sich sehr dafür ein, das Christentum in die Struktur der Gesellschaft zu integrieren. Sie legten der Bildung die Kernwerte des christlichen Glaubens zugrunde, und ihre Bemühungen führten dazu, dass sich christliche und armenische Erziehung ergänzten und gegenseitig stärkten. Die Armenische Kirche konzentrierte ihre Bemühungen darauf, armenischen Männern und Frauen moralische und spirituelle Werte sowie den Geist der Liebe und der Hingabe an ihr Heimatland zu vermitteln. Die Verwirklichung dieses Ziels wurde

Marienkirche im Priesterseminar von Bikfaya / Libanon,
Foto: Katholikossat von Kilikien

loren die Klöster weitgehend ihre führende Rolle in der Erziehung, und ihre Bildungsaktivitäten beschränkten sich hauptsächlich auf die Theologie, die Ausbildung des Klerus und die Unterweisung von Schreibern und Künstlern für die Herstellung von Handschriften.

Gemeindeschulen

Sowohl vor dem Völkermord im Osmanischen Reich wie auch danach, mit dem Entstehen einer weltweiten Diaspora, verstärkte sich das Engagement der Armenischen Kirche im Bildungsbereich und nahm verschiedene Formen und Ausprägungen an. Indem die Gemeinden Kirchen und Schulen bauten, wurden diese eng miteinander verbundenen Einrichtungen zum Rückgrat der armenischen Gemeinschaften, gewährten ihnen Stärke und formten ihre Identität. Heute ist die große Mehrheit der Schulen in der Diaspora kirchlich, und sie gelten als Gemeindeschulen. Sie werden von der Kirche finanziert und verwaltet; sie befolgen den Lehrplan des jeweiligen Landes, und als private Einrichtungen nehmen sie in ihr Curriculum auch Kurse über die armenische Sprache, Geschichte, Kultur und Religion auf.

Für alle armenischen Schulen, private wie kirchliche, sind die armenische christliche Erziehung der Schüler sowie akademische Spitzenleistungen von grundlegender Bedeutung. Die Schule fördert das Selbstverständnis der Schüler und vertieft ihre Verbundenheit mit den armenischen christlichen Traditionen und Werten. Sie schützt ihre armenische christliche Identität und bewahrt den Schatz der geistigen, moralischen, nationalen und kulturellen Werte der Nation. Die Schule ist deshalb nicht einfach eine Bildungseinrichtung; sie ist gewissermaßen die Erweiterung der Kirche und ein »kleines Armenien« außerhalb von Armenien. Dies sind die Gründe für die großen Anstrengungen, die unternommen werden, um sicherzustellen, dass die Kinder armenischer Familien mindestens die Grundschulausbildung in armenischen Schulen absolvieren.

Christliche Erziehung – ein vordringliches Anliegen

Die geistige und moralische Prägung armenischer Männer und Frauen ist wesentlich für den Aufbau der Kirche als Glaubensgemeinschaft. Für die Kirche ist die christliche Erziehung das Herz der Ausbildung und eine unverzichtbare Dimension ihrer Sendung. Die folgenden Grundsätze und Richtlinien bilden für die Armenische Kirche die solide Basis der christlichen Erziehung:

Erstens sollte christliche Erziehung mit einem ganzheitlichen Ansatz organisiert und durchgeführt werden. Da die Bibel der Eckstein der christlichen Erziehung ist, müssen ihre Lehren und Werte im gesamten Leben und Zeugnis der Kirche vermittelt werden, und zwar im Rahmen des geistigen, liturgischen und theologischen Erbes und der Traditionen der Kirche. *Zweitens* muss die enge Beziehung zwischen dem armenischen Volk und dem Christentum, die in einer jahrhundertealten gemeinsamen Geschichte tief verwurzelt ist, hervorgehoben werden. Die hervorstechenden Merkmale dieser engen Verbindung müssen in allen Aspekten der christlichen Erziehung zum Ausdruck gebracht werden. *Drittens* müssen die sozialethischen Fragen, mit denen die heutigen Gesellschaften konfrontiert sind, sowie die Haltung der Kirche dazu auf der Grundlage ihrer biblischen, moralischen und dogmatischen Lehren durch die christliche Erziehung vermittelt werden. *Viertens* sind die christliche und die armenische Erziehung miteinander verwoben, sie ergänzen und verstärken sich gegenseitig. Armenisch zu sein heißt, Christ zu sein. Die christliche Erziehung bildet eine solide Grundlage für die armenische Identität und muss deshalb der armenischen Erziehung eine klare Richtung vorgeben.

Akteure der christlichen Erziehung

Christliche Erziehung ist Aufgabe der Familie, der Gemeindeschule, der Sonntagsschule und der Kirche, wobei jeder dieser Akteure sein eigenes Vorgehen und seine eigene Methode hat:

- Die *Familie*, die von der Armenischen Kirche als »kleine Kirche« angesehen wird, ist der erste Ort, an dem christliche Erziehung geschieht.
- Die *Schule* spielt natürlich in der christlichen Erziehung eine führende Rolle; trotz ihres anspruchsvollen akademischen Programms sollte sie christliche Erziehung als untrennbaren Bestandteil ihrer pädagogischen Berufung sehen.
- Die *Sonntagsschule* leistet einen wesentlichen Beitrag zur christlichen Erziehung. Ein ausgedehntes Netz von Sonntagsschulen besteht neben den Pfarrkirchen und Schulen in den meisten Gemeinschaften in Armenien und in der Diaspora.
- Die Rolle der *Kirche* beschränkt sich nicht auf die Aufsicht über die Bildungsprogramme und -aktivitäten in Familie, Schule oder Sonntagsschule. Sie unterstützt und stärkt diese grundlegenden Werkzeuge der christlichen Erziehung. Ferner ist sie ständig und ernsthaft auf das geistige Wachstum und die moralische Bildung der Gläubigen bedacht. Neben der christlichen Erziehung der Kinder ist der Armenischen Kirche die Bildung der ganzen Gemeinschaft ein großes Anliegen. Zu diesem Zweck organisiert sie vor allem auf Gemeindeebene Bibelarbeiten, Vorlesungsreihen, Seminare und Podiumsdiskussionen zu religiösen und sozialethischen Themen sowie Fragen im Blick auf Familie und Erziehung.

Die christliche Erziehung steht in der Tat im Zentrum der Lehre und des Verkündigungsauftrags der Kirche. In sich grundlegend verändernden Gesellschaften und angesichts des alarmierenden Anwachsens des Säkularismus ist es für die Armenische Kirche von größter Dringlichkeit, den Gläubigen die Werte des Evangeliums nahezubringen. Die Umstellung und Erneuerung der christlichen Erziehung in all ihren Aspekten besitzt deshalb höchste Priorität. Ein solch umfassendes Unternehmen bedarf einer Anzahl von Teilschritten: die Schaffung einer neuen Bildungspolitik im Einklang mit den neuen Realitäten und spezifischen Kontexten, eine Revision der bestehenden Lehrpläne durch eine kohärente Integration der armenischen Lehrpläne in die vom Staat gebilligten Curricula, eine Neubewertung der gegenwärtigen Lehrmethoden und -ansätze durch eine angemessene Berücksichtigung der modernen Technologie und vor allem die Ausbildung von Erziehern, die neben Fachwissen und Erfahrung mit einer festen Verpflichtung auf den christlichen Glauben und einer großen Leistungsbereitschaft für die christliche Erziehung ausgestattet sein sollen.

Die Festung Hṙomkla am Oberlauf des Euphrat,
Sitz des Katholikossats der Armenischen Kirche von 1150 bis 1292,
Foto: Hrair Hawk Khatcherian.

VIII. Ökumenisches Engagement

Im Laufe der Geschichte sah sich die Kirche drei großen Spaltungen gegenüber. Die erste wurde durch das Konzil von Chalcedon (451) verursacht, das von den orientalisch-orthodoxen Kirchen aufgrund seiner dualistischen Tendenz im Blick auf die Einheit der göttlichen und der menschlichen Natur in Christus abgelehnt wurde. 600 Jahre später folgte 1054 das Große Schisma, die Spaltung zwischen Ost- und Westkirche, wobei die Einheit vor allem an der Frage nach dem Hervorgang des Heiligen Geistes *(filioque)* und Roms Anspruch auf universale Jurisdiktion scheiterte. Die dritte Spaltung geschah mit dem Aufkommen der protestantischen Bewegung im 16. Jahrhundert, die von Martin Luther angeführt wurde, der die Bibel als die letzte Autorität aller christlichen Lehre *(sola scriptura)* ansah und verschiedene grundlegende Positionen der römisch-katholischen Lehre, einschließlich des Primats des Papstes, der Rolle der Heiligen Tradition und der sieben Sakramente, infrage stellte.

Auf die eine oder andere Weise beeinflussten diese Spaltungen innerhalb der weltweiten Christenheit auch das interne Leben und die externen Beziehungen der Armenischen Kirche. Sie bewirkten Spaltungen innerhalb der Armenischen Kirche, indem katholische und evangelische Kirchen entstanden. Sie stellten die Armenische Kirche und das Volk vor vielfältige Probleme von verschiedener Art und Tragweite. Trotz dieser Situation isolierte sich die Kirche nicht von der Außenwelt, sondern unterhielt weiterhin Beziehungen zu den meisten Zentren und Zweigen des Christentums und engagierte sich in theologischen Dialogen sowie Kirchenunionsverhandlungen mit Rom und Konstantinopel. Die Armenische Kirche vertiefte ihr Wissen und erweiterte ihre Kenntnisse über andere Kirchen durch die Entsendung armenischer Geistlicher zum Studium an die bedeutendsten theologischen Einrichtungen und Zentren, indem sie Werke von herausragenden Kirchenvätern ins Armenische übersetzte und durch Briefverkehr mit den Hierarchen der syrischen, griechischen und lateinischen Kirche.

Die armenische Präsenz in Kilikien, wo Ost und West eng miteinander in Verbindung standen, bot für die Armenische Kirche die einmalige Gelegenheit, mit ihrer multi-religiösen, multi-konfessionellen und multiethnischen Umgebung kontinuierlich in Kontakt zu bleiben und die Reichweite ihrer Beziehungen zu intensivieren. Die kilikische Erfahrung ermutigte die Armenische Kirche auch dazu, eine proaktive, aber dennoch vorsichtige Herangehensweise an zutiefst umstrittene und kontroverse Themen anzuwenden, ohne dabei dem Kern ihrer theologischen Lehrposition untreu zu werden. Die Mitglieder des Klerus in Armenien, die in der armenischen Geschichte als »östliche Vardapeten« bezeichnet wurden und eine unbeugsame Strömung in der armenischen Kirche repräsentierten, beschuldigten den kilikischen Klerus, die Kirche von ihrem orthodoxen Glauben und ihren Traditionen abzulenken. Der kilikische Klerus wiederum kritisierte den Ultrakonservatismus der Geistlichen in Armenien und betonte die Wichtigkeit des Dialogs und der Annäherung unter den Kirchen. In der Tat wurde Kilikien zu einem Wendepunkt in der ökumenischen Öffnung der Armenischen Kirche. Katholikos Nersēs der Begnadete (1166–1173) und Erzbischof Nersēs von Lambron (1153–1198) waren Verfechter des ökumenischen Geistes der Toleranz und Aufgeschlossenheit in der Armenischen Kirche. In ihren Schriften, Korrespondenzen und Dialogen mit den griechischen und lateinischen Kirchen vertraten diese ikonischen Persönlichkeiten mutig und unmissverständlich die Position der Armenischen Kirche im Blick auf kirchenspaltende Fragen, wiesen aber auch Möglichkeiten auf, sie zu überwinden und die Einheit der Kirche wiederherzustellen.

Daher war der ökumenische Geist ein fester Bestandteil im Leben und Zeugnis der Armenischen Kirche, noch vor dem Aufkommen der modernen ökumenischen Bewegung in der Weltchristenheit. Die Armenische Kirche führte die kilikische ökumenische Erfahrung mit erneuter Kraft weiter, vor allem in der Diaspora, und setzt heute dieses starke Engagement in ihren bi- und multilateralen ökumenischen Beziehungen, Dialogen und Kollaborationen fort.

Beziehungen zu den orientalisch-orthodoxen Kirchen

Von Anfang an stand die Armenische Kirche in ständigem Kontakt zu den syrischen und griechischen Kirchen sowie mit den Zentren der christlichen Theologie und Mission im Osten wie Cäsarea, Antiochien, Edessa, Melitene (Malatya), Alexandrien und Konstantinopel. Die gemeinsame Ablehnung des Konzils von Chalcedon vertiefte ihre besonderen Beziehungen mit Alexandrien und Cäsarea und distanzierte sie zugleich von Konstantinopel. So stimmte die Theologie der Armenischen Kirche mit der alexandrinischen überein. Die Armenische und die Syrische Kirche teilten nicht nur gemeinsame Werte, Traditionen und Lehrpositionen, sondern stellten sich auch gemeinsamen theologischen Anliegen und Herausforderungen, die zu einer engen Zusammenarbeit führten. Die geographische Nähe der Syrischen Kirche zu Kilikien verstärkte und vertiefte diese Zusammenarbeit. Die Armenische Kirche teilt auch die dogmatische Position und theologische Lehrmeinung der Koptischen, Äthiopischen, Indisch-Malabarischen und Eritreischen Kirche. Dennoch unterhielt sie bis ins 20. Jahrhundert keine bilateralen Beziehungen oder Kooperationen mit ihnen, was auf die geographische Entfernung und die schwierigen Bedingungen, denen diese Kirchen ausgesetzt waren, zurückzuführen ist.

In den letzten fünfzig Jahren hat sich unter den orientalisch-orthodoxen Kirchen das Zusammengehörigkeitsgefühl vertieft. Zwei Faktoren spielten in diesem Prozess eine wichtige Rolle. Zum einen ermöglichte die Beteiligung der orientalisch-orthodoxen Kirchen an der ökumenischen Bewegung, Fragen und Probleme im Blick auf ihre gemeinsame Bekenntnisfamilie zu erörtern und auch gemeinsame ökumenische Herangehensweisen zu entwerfen. Zum anderen eröffnete die Konferenz der Oberhäupter der orientalisch-orthodoxen Kirchen in Addis Abeba

(1964) eine neue Ära für die organisierte Zusammenarbeit. Jene Zusammenkunft wurde von Kaiser Haile Selassie initiiert und stellt das erste Treffen dieser Art in der Geschichte dieser Kirchenfamilie dar. Ein von der Konferenz ernannter Ständiger Ausschuss war bestrebt, die Zusammenarbeit innerhalb der Familie der orientalisch-orthodoxen Kirchen in der theologischen Ausbildung, der Priesterausbildung, der Evangelisation, der christlichen Erziehung, des pastoralen Engagements, der Diakonie und in Friedens- und Gerechtigkeitsfragen zu fördern. Die beiden Katholikossate der Armenischen Kirche beteiligten sich aktiv an der Arbeit des Ständigen Ausschusses. Aufgrund interner und externer Schwierigkeiten legte diese Institution jedoch nach fast einem Jahrzehnt intensiven Wirkens seine Arbeit nieder.

Im Jahr 1995 errichteten wir, zusammen mit Schenuda III., dem verstorbenen Patriarchen der Koptischen Kirche, und Zakka II. Iwas, dem verstorbenen Patriarchen der Syrischen Kirche, eine Gemeinschaft der Armenischen, Koptischen und Syrischen Kirche – also derjenigen Mitglieder der orientalisch-orthodoxen Kirchenfamilie, deren Hauptsitz im Nahen Osten liegt. Die drei Oberhäupter trafen sich mehrere Male in Kairo, Damaskus und Antelias und bekräftigten durch gemeinschaftliche Erklärungen erneut ihren gemeinsamen Glauben, verdeutlichten gemeinsame Anliegen und bestimmten Bereiche für mehr Zusammenarbeit. Ein Ausschuss wurde ernannt, um die Umsetzung ihrer Entscheidungen zu leiten. Dieser Prozess dauert weiterhin an. Wir hoffen, dass in naher Zukunft günstige Bedingungen geschaffen werden, um die Arbeit des Ständigen Ausschusses neu zu aktivieren. Trotz ihres unterschiedlichen ethnischen und kulturellen Ethos und der verschiedenen Lebensbedingungen stehen die orientalisch-orthodoxen Kirchen vor der Herausforderung, zusammenzuarbeiten und die aufkommenden Fragen ihren Gläubigen einmütig zu beantworten.

Beziehungen zu den östlich-orthodoxen Kirchen

Während die Armenische Kirche erst im 20. Jahrhundert engere Beziehungen mit den Kirchen der östlich-orthodoxen Familie entwickelte, sind bilaterale Beziehungen zum Ökumenischen Patriarchat von Konstantinopel historisch tief verankert. Der Bruch, der sich zwischen den Kirchen aufgrund des Konzils von Chalcedon ergab, konnte in den letzten 1500 Jahren trotz zahlreicher Versuche und theologischer Dialoge nicht geheilt werden. Das Hauptproblem, das die Armenische Kirche und die östlich-orthodoxen Kirchen trennt, bleibt das gleiche: Die Armenische Kirche erkennt nur die ersten drei Ökumenischen Konzilien an, während die östlich-orthodoxe Kirchenfamilie die ersten sieben Konzilien anerkennt. Es gibt daneben auch einige kleinere liturgische Unterschiede wie zum Beispiel die Verwendung von ungesäuertem Brot und das Beigeben von Wasser in den Wein bei der Eucharistiefeier.

In den letzten fünfzig Jahren wurde jedoch eine neue Phase der gegenseitigen Verständigung zwischen den orientalisch-orthodoxen und den östlich-orthodoxen Kirchen eingeleitet. Der Geist der Offenheit und des gegenseitigen Verständnisses, hervorgerufen durch die ökumenische Bewegung, ebnete den Weg für informelle theologische Gespräche, die von der Kommission für Glauben und Kirchenverfassung des Ökumenischen Rates der Kirchen (1964–1971) initiiert wurden, sowie für von *Pro Oriente* organisierte Konsultationen (1971–1978). Diese Begegnungen bildeten ein solides Fundament für die Vertreter der beiden orthodoxen Kirchenfamilien, um sich 1985 zum ersten Mal seit ihrer Trennung 451 offiziell zu treffen.

Ich war Gründungsmitglied dieses theologischen Dialogs, der vielversprechende Fortschritte machte, vor allem im Bereich der Christologie durch die Klärung vorherrschender Missverständnisse, die Suche nach Konsens und die Bestätigung einer gemeinsamen christologischen Basis. Durch gemeinsame Kommuniqués und Erklärungen legten die Vertreter der beiden Kirchenfamilien dar, dass ihre Unterschiede vor allem semantischer Art seien und dass die ersten drei Ökumenischen Konzilien, die sie beide anerkennen würden, ihr »gemeinsames Erbe« darstellen und »den apostolischen Glauben der ungetrennten Kirche der ersten Jahrhunderte« bekräftigen würden, den sie in ihrem »gemeinsamen Bekenntnis« bezeugen würden. Sie bekräftigten auch die Verurteilung der nestorianischen und eutychischen Häresien und bestätigten die Formel des Kyrill von Alexandrien der »einen fleischgewordenen Natur des Wortes Gottes« als »gemeinsamer Basis« ihrer christologischen Lehre. Auf der Grundlage dieser gemeinsamen Position erklärten sie:

> »Diejenigen unter uns, die von zwei Naturen in Christus sprechen, leugnen hierbei nicht die untrennbare, unteilbare Vereinigung; diejenigen unter uns, die von einer vereinten göttlich-menschlichen Natur in Christus sprechen, leugnen dabei nicht die ständige Präsenz der Gottheit und der Menschheit in Christus, ohne Veränderung, ohne Verwirrung.«

Außerdem bekräftigten sie:

> »Wir haben nun deutlich verstanden, dass die beiden Familien immer treu den gleichen authentischen orthodoxen christologischen Glauben und die ununterbrochene Kontinuität der apostolischen Tradition aufrechterhalten haben, obwohl sie allenfalls christologische Begriffe auf eine unterschiedliche Art und Weise verwendet haben.«

Und deshalb merkten sie an, dass »… es dieser gemeinsame Glaube und die kontinuierliche Treue zur apostolischen Tradition sind, die die Grundlage unserer Einheit und Gemeinschaft sein sollten«. Auf der Basis dieses gemeinsamen Verständnisses waren sie sich einig, »alle Anathemata und Verurteilungen« aus der Vergangenheit »aufzuheben« und erklärten, dass ihr »gegenseitiges Einvernehmen nicht auf die Christologie begrenzt ist, sondern den ganzen Glauben der einen ungeteilten Kirche der frühen Jahrhunderte umfasst«.[1]

[1] Christine Chaillot / Alexander Belopopsky (Hgg.), Towards Unity. The Theological Dialogue between the Orthodox Church and the Oriental Orthodox Churches, Genf 1998, 60–68.

Trotz des bedeutenden Fortschritts im theologischen Dialog wird der alte polemische und irreführende Begriff »Monophysit« noch oft in Bezug auf die orientalisch-orthodoxe Familie, einschließlich der Armenischen Kirche, benutzt. Dies ist allerdings völlig unzutreffend. Während der Begriff »Monophysit« Eutychianismus impliziert, haben die orientalisch-orthodoxen Kirchen durchweg die Lehre des Eutyches als Häresie verurteilt. Der zutreffende Begriff für die wahre Lehre der orientalisch-orthodoxen Kirchen ist »miaphysitisch«, was bedeutet, dass es im menschgewordenen Christus eine vereinte Natur »*aus* zwei Naturen«, Göttlichkeit und Menschlichkeit, gibt – im Gegensatz zur »diaphysitischen« Formulierung: »*in* zwei Naturen« gemäß der Definition von Chalcedon.

Die Glaubensgemeinschaft zwischen den orientalisch-orthodoxen und östlich-orthodoxen Kirchen ist ein entscheidender erster Schritt auf dem Weg zur sichtbaren Einheit der Kirche. Wie können die beiden Familien der orthodoxen Tradition die Besonderheit jeder Familie und jeder Kirche bewahren und stereotype Formeln überwinden, die die Vergangenheit ihnen vererbt hat, sowie ihre gemeinsame Bindung an den Kern ihrer übereinstimmenden christologischen Lehren bekräftigen? Darin liegt die ökumenische Herausforderung.

Beziehungen zur katholischen Kirche

Kontakte der Armenischen zur Römischen Kirche sind bereits sehr früh nachweisbar. Mit den Kreuzzügen und der Gründung eines lateinischen Patriarchats in Jerusalem im Jahr 1099 bekamen die Beziehungen zwischen der Armenischen Kirche in Kilikien und der katholischen Kirche einen formelleren Charakter. In diesen Beziehungen suchten die Armenier, als eine von nichtchristlichen Mächten umgebene Minderheit, politische Unterstützung und ökumenische Solidarität, während die Lateiner bezweckten, ihre Präsenz im Osten auszudehnen und zu verfestigen; ihr endgültiges

Ziel war die Vereinigung des christlichen Ostens und Westens unter der Schirmherrschaft Roms. Die Haltung der armenischen politischen und religiösen Führer gegenüber den Lateinern war im Allgemeinen positiv, weil sie sich von ihnen politisch-militärische Unterstützung erhofften. Nach dem Fall des armenischen Königreiches von Kilikien jedoch wurden die Latinisierungsbemühungen durch Rom offensiver, und die Armenier wurden wachsamer.

Vor dem Zweiten Vatikanischen Konzil (1961–1964) waren die Beziehungen zwischen der Armenischen Apostolischen Kirche und der Kirche von Rom herzlich, aber zurückhaltend. Das Zweite Vatikanische Konzil leitete eine neue Periode ökumenischen Engagements in der Geschichte der katholischen Kirche ein. Durch bilaterale theologische Dialoge, Mitgliedschaften in regionalen und nationalen ökumenischen Räten und gegenseitige Besuche unternahm die katholische Kirche eine Reihe von wichtigen Schritten, um ihre ökumenischen Beziehungen, vor allem mit den orientalisch-orthodoxen und östlich-orthodoxen Kirchen, auszubauen.

Mit diesem Wandel traten die bilateralen Beziehungen zwischen der Armenischen und der katholischen Kirche in ein neues Stadium ein. Vertreter beider Katholikossate nahmen als Beobachter am Zweiten Vatikanischen Konzil teil. In den folgenden Jahren statteten die armenischen Katholikoi dem Vatikan offizielle Besuche ab und unterzeichneten gemeinsame Erklärungen mit den Päpsten. Der Vatikan organisierte eine Reihe von bedeutenden Ereignissen, an denen die Armenische Kirche teilnahm und die den ökumenischen Beziehungen neue Impulse gaben. Die Besuche von Papst Johannes Paul II. in Armenien (2001), aus Anlass des 1700. Jahrestages der Bekehrung Armeniens zum Christentum, sowie von Papst Franziskus im Jahr 2016 und seine Erklärung zum 100. Jahrestag des armenischen Völkermords als erstem Genozid des 20. Jahrhunderts stellten die Bedeutung der langjährigen Beziehungen zwischen den beiden Kirchen heraus.

Durch die konstruktive Atmosphäre und wachsende Zusammenarbeit mit den orientalisch-orthodoxen Kirchen ermutigt, begann die katholische Kirche 2003 einen offiziellen theologischen

Dialog, an dem sich die beiden Katholikossate der Armenischen Apostolischen Kirche beteiligen.

Zwischen der Armenischen und der katholischen Kirche gibt es eine Reihe von theologischen und liturgischen Unterschieden. Während die katholische Kirche 21 Konzilien als ökumenisch anerkennt – als letztes das Zweite Vatikanische Konzil –, akzeptiert die Armenische Kirche dagegen nur die drei ersten Konzilien. Auch die jurisdiktionelle Vorrangstellung des Papstes sowie seine Unfehlbarkeit, wenn er *ex cathedra* spricht, lehnt die Armenische Kirche ab; vielmehr versteht sie ihn als *primus inter pares*, d.h. als Ersten unter Gleichen. Die katholische Kirche folgt einem autokratischen Modell kirchlicher Autorität; die Armenische Kirche folgt hingegen einem konziliaren Modell. Die katholische Kirche lehrt, dass der Heilige Geist aus dem Vater und dem Sohn *(filioque)* hervorgeht, während die Armenische Kirche dem Glaubensbekenntnis von Nicäa-Konstantinopel treu bleibt und bekräftigt, dass der Heilige Geist nur aus dem Vater hervorgeht. Die katholische Kirche glaubt an die Transsubstantiation, dass nämlich Brot und Wein ihre Substanz während der Eucharistie ändern; die Armenische Kirche glaubt, dass in der Eucharistie Brot und Wein ihre materielle Natur bewahren und nur metaphorisch in den Leib und das Blut Christi gewandelt werden. Die katholische Kirche bestätigt das Dogma der unbefleckten Empfängnis Mariens durch Anna; die Armenische Kirche lehrt die unbefleckte Empfängnis nur für die Geburt Christi aus der Jungfrau Maria. Es gibt auch eine Reihe von geringfügigeren Unterschieden in den Lehren der beiden Kirchen, beispielsweise teilt die Armenische Kirche nicht die Lehre der katholischen Kirche über das Fegefeuer, ihre Haltung gegenüber dem Zölibat der Geistlichen oder ihre Einstellung zur Scheidung.

Die meisten der erwähnten Lehren der Armenischen Kirche werden von den orientalisch-orthodoxen und östlich-orthodoxen Kirchen geteilt. Trotz bestehender Unterschiede müssen jedoch der theologische Dialog und die ökumenische Zusammenarbeit in einem Geist der brüderlichen Liebe und geistigen Gemeinschaft weitergehen.

Beziehungen zur Anglikanischen Gemeinschaft

Die Teilnahme von Vertretern der Armenischen Kirche an den Lambeth-Konferenzen der weltweiten Anglikanischen Gemeinschaft in den vergangenen fünfzig Jahren setzte einen neuen Kurs für die Beziehungen zwischen den beiden Kirchen fest, die bis ins 18. Jahrhundert zurückreichen. Zugleich vertiefte die Anglikanische Gemeinschaft ihre bilateralen und multilateralen ökumenischen Begegnungen mit den Kirchen der orientalisch-orthodoxen Familie im Rahmen einer Vielfalt von ökumenischen Strukturen. Diese Treffen führten die Anglikaner dazu, 1985 einen Prozess organisierter theologischer Gespräche ins Leben zu rufen, der 1993 den Status eines offiziellen Dialogs erhielt.

Beziehungen zu den protestantischen Kirchen

Beziehungen zu den Kirchen protestantischer Tradition begannen im 18. Jahrhundert. Als protestantische Missionen aus dem Westen immer mehr in die im Osmanischen Reich lebenden armenischen Gemeinschaften eindrangen, reagierte die Hierarchie der Armenischen Kirche negativ auf deren proselytisierenden Aktivitäten. Im Laufe der Zeit veränderten und verbesserten sich die Beziehungen. Die Missionare schränkten ihre Proselytisierungsversuche ein und begannen, die Bildungsarbeit in den armenischen Gemeinschaften zu fördern. Sie spielten auch eine wichtige Rolle im Bereich der Sozialarbeit, indem sie den Armeniern humanitäre Hilfe zukommen ließen, vor allem während und nach dem Völkermord. In den letzten Jahrzehnten hat die ökumenische Bewegung geholfen, gegenseitiges Verständnis und Vertrauen aufzubauen, ja sogar den Weg für bilaterale Zusammenarbeit und theologische Dialoge mit den etablierten protestantischen Kirchen zu ebnen.

Aufgrund der wachsenden ökumenischen Öffnung und des Engagements der anglikanischen, altkatholischen und etablierten protestantischen Kirchen, Fragen und Herausforderungen von pan-christlichen Bedeutung zu erörtern, sollte die Armenische Apostolische Kirche ihren Dialog und ihre Zusammenarbeit mit ihnen fortführen.

Teilnahme an ökumenischen Räten und bilateralen theologischen Dialogen

Durch gemeinsames Beten, Nachdenken und Handeln ist die ökumenische Bewegung bestrebt, engere Beziehungen und ein besseres gegenseitiges Verständnis unter den Kirchen zu entwickeln auf dem Weg zur sichtbaren Einheit der Kirche. Ökumenische Räte sind eine institutionalisierte Ausdruckweise der ökumenischen Bewegung. Der Ökumenische Rat der Kirchen, 1948 gegründet und in Genf ansässig, repräsentiert dabei die umfassendste und globalste Ausprägung der ökumenischen Bewegung. Ziel bilateraler theologischer Dialoge ist es, die unter den Kirchen noch bestehenden theologischen, dogmatischen, liturgischen und ethischen Unterschiede und Missverständnisse zu klären sowie Konsens in kirchentrennenden Fragen zu suchen.

Die Armenische Kirche beteiligt sich an der ökumenischen Bewegung in folgenden weltweiten und regionalen ökumenischen Gremien:

- Ökumenischer Rat der Kirchen (ÖRK)
- Middle East Council of Churches (MECC)
- Konferenz Europäischer Kirchen (KEK)
- Christian Conference of Asia (CCA)

Durch ihre Diözesen trägt die Armenische Kirche zur Arbeit folgender nationaler ökumenischer Räte bei: *National Council of the Churches of Christ in the USA (Nationaler Kirchenrat der USA), Canadian Council of Churches, Latin American Council of Churches* sowie verschiedene lokale ökumenische Räte und Ausschüsse. Vertreter der Armenischen Kirche nehmen an theologischen Dialogen und Konsultationen teil, die von *Pro Oriente* organisiert werden, einer ökumenischen Stiftung der katholischen Erzdiözese von Wien, am *Global Christian Forum*, einer ökumenischen Initiative, die die Kirchen zusammenbringen soll, sowie bei *Sant'Egidio*, einer katholischen ökumenischen Organisation, die interreligiöse und zwischenkirchliche Zusammenarbeit und Konfliktlösung anstrebt; sie beteiligt sich auch an Konferenzen verschiedener ökumenischer Nichtregierungsorganisationen sowie an regionalen und globalen Foren, die von Staaten oder akademischen Einrichtungen organisiert werden. Die Armenische Kirche ist vor allem durch die Teilnahme des Heiligen Stuhls von Kilikien in mehreren Gremien und Initiativen tätig, die den *interreligiösen Dialog* im Allgemeinen und den *christlich-muslimischen Dialog* im Besonderen betreffen.

Heute ist die Armenische Kirche in folgende bilaterale theologische Dialoge eingebunden:

- Gemeinsame Kommission des theologischen Dialogs zwischen den östlich-orthodoxen und orientalisch-orthodoxen Kirchen
- Internationale Gemeinsame Kommission für den theologischen Dialog zwischen der katholischen Kirche und den orientalisch-orthodoxen Kirchen
- Anglican-Oriental Orthodox International Commission (AOOIC)
- Internationaler theologischer Dialog zwischen der orientalisch-orthodoxen Kirchenfamilie und der Weltgemeinschaft Reformierter Kirchen
- Gespräche zwischen Vertretern des Lutherischen Weltbundes und Kirchen der orientalisch-orthodoxen Familie

Jeder dieser theologischen Dialoge hat seinen spezifischen Ursprung, seine Geschichte, sein eigenes Verfahren und seine Methodologie. Obwohl sie unterschiedliche Prioritäten und Schwerpunkte setzen, teilen sie die gleiche Agenda, die Themen und Fragen umfasst, die sich auf die Heilige Tradition, die Bibel, Autorität, Konziliarität, Christologie, Pneumatologie, Ekklesiologie, Sakramente und Ethik beziehen. Diese Dialoge geben Erklärungen ab, veröffentlichen Kommuniqués und erstellen Studiendokumente mit besonderem Verweis auf gemeinsame Schnittmengen. Sie haben die Kirchen zu einem besseren Verständnis der jeweiligen theologischen Lehren geführt, die bestehenden Divergenzen gemindert und ihre Gemeinsamkeiten bekräftigt.

Zusammenarbeit mit der Armenisch-Katholischen Kirche und der Armenisch-Evangelischen Kirche

Diese Kirchen gehören zum armenischen Christentum und haben gemeinsame Wurzeln. Sie teilen Geschichte, Kultur und Traditionen mit der Armenischen Kirche, von der sie aus verschiedenen Gründen und aufgrund historischer Umstände getrennt wurden.

Die Armenisch-Katholische Kirche

Das Vordringen der Kreuzfahrer in den Osten im 11. Jahrhundert und die engen Beziehungen zwischen den Armeniern und den Lateinern in Kilikien ließen latinophile Tendenzen im politischen und kirchlichen Bereich aufkommen. Zu verschiedenen Zeiten, vor allem wenn die Armenier in Kilikien politisch-militärische Hilfe benötigten, unternahm Rom mehrere Versuche, die Armenische Kirche in Union mit der katholischen Kirche zu bringen. Im 13. Jahrhundert engagierten sich Dominikanermönche, später dann Franziskaner und Jesuiten als Missionare unter den armenischen Christen in Armenien und Kilikien. Ermutigt durch diese Aktivitäten trat der armenische Priester Mechitar von Sebasteia *(Mxitʿar Sebastacʿi)* (1676–1749) in Gemeinschaft mit Rom und gründete die Kongregation der Mechitaristen, erst in Konstantinopel, dann in Griechenland und Venedig. Nach seinem Tod etablierten einige seiner Anhänger einen separaten Mechitaristenorden, zunächst in Triest und dann in Wien. Dieser Orden hat – trotz seiner frühen Beteiligung an einer Kampagne gegen die Armenische Kirche – der armenischen Kultur und Gelehrsamkeit einen bemerkenswerten Dienst erwiesen.

Im Jahr 1740, mit der Wahl des katholisch gesinnten Abraham Arcivian zum (Gegen-)Patriarchen und seiner Bestätigung durch Papst Benedikt XIV., wurde die Armenisch-Katholische Kirche offiziell als eine getrennte kirchliche Einheit im Kloster Bzommar (Libanon) etabliert. Infolge einer Intervention des französischen Botschafters in Konstantinopel wurde 1830 die armenisch-katholische Gemeinschaft rechtlich vom osmanischen Staat als ein *Millet* anerkannt. Papst Pius IX. vereinte 1867 das Patriarchat mit der armenisch-katholischen Diözese von Konstantinopel, wobei der Sitz des Patriarchen nach Konstantinopel verlegt wurde. Nach dem Völkermord wurde das Patriarchat 1925 wieder in Bzommar angesiedelt.

Die Armenisch-Evangelische Kirche

Protestantische Missionare begannen ihre Aktivitäten unter den Armeniern im frühen 19. Jahrhundert. Indem sie auf sozio-ökonomische Bedürfnisse eingingen und armenischen Studenten den Zugang zu höherer Bildung eröffneten, wirkten sie auf einige Armenier in Konstantinopel und anderen Regionen des Osmanischen Reiches anziehend. Vom Grundtenor der protestantischen Bewegung beeinflusst, kritisierten diese Armenier die konservative Herangehensweise der Kirche im Blick auf theologische und pastorale Anliegen, und sie erklärten ihre Absicht, eine Reformation innerhalb der Armenischen Kirche einzuleiten. Die Bewegung löste heftige Reaktionen aufseiten des armenischen Patriarchen von Konstantinopel aus, der ihren Führer und später auch ihre Anhänger exkommunizierte. Als Reaktion formierte sich eine Konkurrenzorganisation außerhalb der Armenischen Kirche. Nach Vermittlung des britischen Botschafters in Konstantinopel schuf die osmanische Regierung 1847 ein protestantisches *Millet*, das auch die armenischen Protestanten einschloss. Zu Beginn hatten die armenischen Protestanten nicht die Absicht, eine getrennte kirchliche Einheit zu bilden. Die Armenisch-Protestantische Kirche, die es vorzieht, sich selbst Armenisch-Evangelische Kirche zu nennen, betrachtet die Armenische Kirche noch immer als Mutterkirche.

Die Armenisch-Katholische Kirche und die Armenisch-Evangelische Kirche entstanden innerhalb der armenischen Nation als Folge einer aggressiven Vorgehensweise der Missionare aus dem Westen. Mit der Unterstützung von westlichen Mächten, dem Einsatz humanitärer Hilfe sowie dem Vorwand einer notwendigen Reformierung der Armenischen Kirche brachten einige Missionare die innere Einheit der Armenier zum Wanken, indem sie Spannungen und Spaltungen unter ihnen erzeugten. Anstatt sich an Nichtchristen zu wenden, wählten sie als ihr »Missionsgebiet« die erste christliche Nation der Welt. Wie ich schon früher anmerkte, handelten andere Missionare vor und nach dem armenischen Völkermord ganz anders.

Die Armenisch-Katholische Kirche, mit Unterstützung des Vatikans, und die Armenisch-Evangelische Kirche, mit Unterstützung westlicher Missionsgesellschaften und Kirchen, gründeten Schulen und humanitäre Zentren in Kilikien, dann in der Diaspora und schließlich nach der Wiedererlangung der Unabhängigkeit auch in Armenien. Es ist bezeichnend, dass die Armenisch-Katholische Kirche trotz ihrer engen Verbindung mit dem Westen nicht latinisiert und die Armenisch-Evangelische Kirche nicht verwestlicht wurde. Sie haben ihre armenischen christlichen Wurzeln und Traditionen, ihre armenische christliche Identität beibehalten. Sie wurden zunehmend, besonders nach dem 50. Jahrestag des armenischen Völkermords 1965, in das gesamtgesellschaftliche Leben Armeniens eingebunden.

Da diese Kirchen heute infolge der Wiedererlangung der Unabhängigkeit Armeniens weiterhin ihr Leben neu organisieren und reaktivieren, bleibt zu hoffen, dass unnötige Missverständnisse mit der Armenischen Kirche vermieden werden. In der Diaspora sollte die Zusammenarbeit zwischen den drei armenischen Kirchen erneut intensiviert und erweitert werden. Eine solche Anstrengung würde viel zur inneren Einheit der armenischen Nation beitragen.

Beziehungen zu anderen Religionen

Die Beziehungen und das Zusammenwirken mit anderen Religionen bilden eine wichtige Dimension des Lebens und des Zeugnisses der Armenischen Kirche. Der Islam ist die Religion, mit der die Armenische Kirche und das Volk im Laufe der Geschichte in Armenien, Kilikien und der Diaspora zumeist enge Beziehungen unterhalten haben. Vom 7. bis 9. Jahrhundert wurde Armenien von den Arabern unterworfen. Die arabische Herrschaft war religiös tolerant, was es dem armenischen Volk ermöglichte, seine religiöse und kulturelle Identität zu bewahren. In Kilikien waren die Armenier Teil einer pluralistischen Gesellschaft, die neben christlichen Gemeinschaften auch Muslime verschiedener Ethnien umfasste. Durch politische Allianzen und wirtschaftliche Beziehungen überlebten die Armenier nicht nur, sondern bereicherten auch ihr religiöses und kulturelles Erbe und schufen gleichzeitig ein unabhängiges Königreich. Mit dem Fall des Byzantinischen Reiches und der Invasion der Türken Ende des 14. Jahrhunderts kam Ostarmenien unter persische und Westarmenien und Kilikien unter osmanische Oberhoheit. Die türkische Herrschaft war von Härte und die persische von Toleranz geprägt. In den arabisch-muslimischen Ländern des Nahen Ostens wurden die Armenier besonders nach dem Völkermord zu einem integralen Bestandteil der Gesellschaften, nehmen so aktiv am gesellschaftlichen Leben teil und genießen volle religiöse sowie kulturelle Freiheit. In den westlichen Gesellschaften stehen die Armenier in täglichem Kontakt mit Menschen anderer Glaubensrichtungen.

Es ist wichtig, zu erwähnen, dass der Heilige Stuhl von Kilikien mit seiner reichen Erfahrung an interreligiösen Beziehungen, Dialogen und Kooperationen diesen Bereich seiner Aktivitäten stets sehr ernst genommen hat. Im Rahmen dieser Anstrengungen wird den Beziehungen zu den Muslimen besondere Aufmerksamkeit geschenkt. In der Tat sind eine Reihe von interreligiösen Konferenzen, Symposien und Vorträgen, die ich im Katholikosat in Antelias im Libanon organisiert habe, sowie meine aktive Teilnahme an regionalen und globalen interreligiösen Foren und Konferenzen ein konkreter Ausdruck des starken Engagements der Armenischen Kirche für interreligiöse Beziehungen. Die Armenische Kirche betrachtet gegenseitigen Respekt und Verständnis, getragen vom Geist der Toleranz, als entscheidend für sinnvolle Beziehungen und ein harmonisches Zusammenleben der Religionen.

Trotz des enormen Wandels und der Umwälzungen, die die Armenische Kirche im Laufe ihrer Geschichte hin- und hergeworfen haben, ist der Geist der Offenheit und Toleranz, durchdrungen von der gegenseitigen Liebe und dem Respekt gegenüber den anderen Kirchen, eine herausragende Eigenschaft ihres Lebens, Denkens und Zeugnisses geblieben. Anstatt ihre Identität zu gefährden oder ihre dogmatische Position und theologische Lehre zu ändern, hat die ökumenische Offenheit der Armenischen Kirche ihr ekklesiologisches Selbstverständnis bekräftigt und ihr Interesse an der christlichen Einheit vertieft. In der Tat wurde das folgende ökumenische Motto die treibende Kraft und Richtlinie für den armenischen Ökumenismus: *in necessariis unitas, in dubiis libertas, in omnibus caritas* (Einheit im Notwendigen, Freiheit im Zweifelhaften, Liebe in allem).

Für die Armenische Kirche ist Einheit eine Gabe Gottes. Die Christen sind aufgrund historischer Umstände voneinander getrennt, aber die Kirche Christi bleibt dennoch eine, ungeteilt und ungebrochen. Die Vision der Armenischen Kirche von der Einheit gründet in der sakramentalen Gemeinschaft, die durch die Einheit im Glauben verwirklicht wird. Einheit ist nicht das institutionelle Eins-Sein der Kirche; sie ist Einheit in Verschiedenheit und Verschiedenheit in Einheit. Die einfachen, doch machtvollen Worte von Nersēs von Lambron, einem Theologen aus dem 12. Jahrhundert, begründen den Geist des armenischen Ökumenismus:

> »In verschiedenen Sprachen bekennen alle Christen den gleichen Christus, und wir betrachten alle Christen als zur selben Kirche Christi gehörig […]. Wenn Christen in Spanien beten, gilt das Gebet auch für mich, denn ich bin ein Christ wie sie; und wenn ich in Kilikien bete, ist mein Gebet auch für sie, denn sie bekennen denselben Glauben wie ich […]. Ich bin durch die Tradition mit jedem vereint, der den Namen

Christi als eine Krone der Herrlichkeit trägt. Alle sind in Jesus Christus, und Jesus Christus ist in allen […].«[2]

2 Nersēs Lambronac'i, Commentary on the Divine Liturgy, Venedig 1844, 411 f.

Das Kloster Xor Virap an dem Ort, an welchem der hl. Gregor
der Erleuchter in einem »tiefen Kerker« gefangengehalten wurde,
vor der imposanten Kulisse des Berges Ararat, Foto: Thomas Kremer.

IX. Volkskirche

Wo auch immer der christliche Glaube einen orts- oder volksspezifischen Charakter angenommen hat, bewirkte dies die Herausbildung einer Nationalkirche. Dieser Prozess wurde durch geopolitische, kulturelle und ethnische Faktoren und Überlegungen angetrieben. Das Wort »national« nimmt jedoch unterschiedliche Konnotationen in verschiedenen Kontexten an. Aufgrund ihrer engen Identifizierung mit dem gesamten Leben des Volkes und der führenden Rolle, die sie in allen Bereichen und Aspekten des Lebens der Nation spielt, betrachte ich die Armenische Kirche als Volkskirche *par excellence*.

Indigenisierung der Christenheit

Mit der offiziellen Bekehrung Armeniens wurde das Christentum zur Staatsreligion, und die Erfindung des armenischen Alphabets machte es zur Religion des Volkes im wahrsten Sinne des Wortes. Diese Meilensteine trugen den christlichen Glauben über institutionelle, theologische und liturgische Grenzen hinaus und integrierten ihn vollständig in die Strukturen und das Ethos des Lebens des Volkes. Die Christianisierung des armenischen Volkes und die Armenisierung des Christentums umschlossen einander kohärent und umfassend. Der christliche Glaube wurde zu einem starken Identitätsmerkmal. Die Armenier fanden ihr wahres Wesen, ihre echte Identität und die *raison d'être* ihres Lebens im christlichen Glauben. Das 5. Jahrhundert, das Goldene Zeitalter, wurde zu einem Wendepunkt in diesem Prozess. Die Menschen eigneten sich das Christentum uneingeschränkt an, was einen unauslöschlichen Abdruck auf dem Selbstverständnis, der Selbstartikulation und der Selbstverwirklichung des Volkes hinterließ. Aufgrund der entscheidenden Rolle der Armenischen Kirche bei der

Erfindung des armenischen Alphabets und der Ausbildung einer reichen Kultur sowie wegen ihres tiefen Engagements im nationalen Kampf um Befreiung und Freiheit, wurde das armenische Selbstbewusstein vor allem in und durch die Kirche geäußert und verstärkt. So wurde der christliche Glaube »nationalisiert«, das nationale Bewusstsein geformt, der Sinn der nationalen Zugehörigkeit gestärkt und die nationale Ideologie geprägt und geschützt.

Die Identifizierung des christlichen Glaubens mit dem Alltagsleben der Menschen war so tiefgreifend, dass mit den Worten von Ełišē (5. Jh.) das Christentum nicht einfach »ein Gewand« wurde, »das man wechseln kann, sondern die Hautfarbe«. Als der Versuch unternommen wurde, das armenische Volk zur zoroastrischen Religion zu bekehren, sagte das armenische Volk einstimmig:

> »Von diesem Glauben kann uns niemand abbringen, weder Engel noch Menschen, weder Schwert noch Feuer, noch Wasser noch irgendeine Art grausamer Folter […]. Denn wir erkennen das Heilige Evangelium als unseren Vater und die apostolische katholische Kirche als unsere Mutter an.«[1]

Religion und Nation, Frömmigkeit und Patriotismus blieben in der Armenischen Kirche zu allen Zeiten, an allen Orten und unter allen Umständen untrennbar miteinander verflochten. Der christliche Glaube ist die Essenz der Selbstwahrnehmung eines Armeniers, und, wie es die Dichter beschreiben, die Kirche ist die »Geburtsstätte« des Armeniers, das »Bollwerk« seines Glaubens, die »Hoffnung« seines Überlebens und die »Arche der Errettung« gegenüber dem Bösen in der Welt. Kirche und Nation verschmelzen zu einer Einheit. Die Kirche gehört zur Nation, und die Nation gehört zur Kirche. Diese gegenseitige Zugehörigkeit ist so tief im Bewusstsein als auch im Leben des Volkes verwurzelt und so erfüllt von geschichtlicher Erfahrung, dass es unmöglich ist, eine Grenzlinie zwischen den beiden zu ziehen. Es ist wichtig, zu betonen, dass die Indigenisierung des Christentums die Armenier nicht

1 Ełišē, Vasn Vardanay ew Hayocʽ Paterazmin (Die Geschichte des Vardan und der Schlacht der Armenier), Jerewan 1957, 40, 102.

von der Außenwelt isoliert hat. Mit seinen neuen Werten und weltweiten Perspektiven hat das Christentum dem armenischen Volk neue Wege und Horizonte eröffnet, die sie am kreativen Zusammenspiel und an dialogischen Interaktionen mit anderen Kulturen, Nationen und Kontexten beteiligen.

Die Kirche als vereinigender Faktor

Die Indigenisierung des christlichen Glaubens ließ die Armenische Kirche zur Säule der nationalen Einheit werden. Mit ihren geistigen, moralischen und pastoralen Werten sowie ihrer Berufung gewährleistete die Kirche die Integrität des Lebens der Nation und bewahrte ihren nationalen Zusammenhalt in kritischen Zeiten. Als moralische Autorität, einigende Institution und höchste Schiedsrichterin griff die Kirche oft in interne Auseinandersetzungen und Konflikte ein.

Armenien war zwischen das Persische und das Byzantinische Reich eingezwängt; beide wollten das armenische Volk unterjochen. In Kilikien waren die Armenier den proselytisierenden Versuchen der Byzantiner und Lateiner ausgesetzt. Unter den Russen, dann unter den Sowjets, später unter den Osmanen und schließlich in der Diaspora sahen sich die Armenier zwei unmittelbaren Gefahren gegenüber: dem Zerfall ihrer Institutionen und der Assimilation. In der schwierigen Geschichte des armenischen Volkes überlebte die Kirche nicht nur, sondern sie brachte alle Teile des armenischen Volkes zusammen und verteidigte die innere Einheit der Nation. Weil sie erkannten, dass die Armenische Kirche eine machtvolle Institution war, strebten fremde Mächte danach, sie zu beeinflussen und dadurch die Armenier gänzlich zu beherrschen. Die Christen im Westen riefen zur »Einheit der Kirche« auf, und die Muslime zwangen der Kirche eine strenge Überwachung auf. Beide Versuche, die Armenier zu spalten und zu unterjochen, schlugen fehl.

Angesichts der sich ständig ändernden geschichtlichen Bedingungen und neuen Realitäten ist die Armenische Kirche heute unermüdlich damit beschäftigt, die nationale Einheit zu wahren. Nach der langen Zeit der sowjetischen Herrschaft befindet sich die armenische Republik noch immer in einem Umwandlungsprozess und sieht sich gewaltigen Herausforderungen gegenüber. Die Diaspora gibt ein Bild fragmentierter und diverser Gemeinschaften ab, die sich einer Vielzahl von Problemen ausgesetzt sehen. Außerdem wandern Armenier aus dem Nahen Osten, aus Armenien und den früheren Sowjetländern scharenweise in den Westen ab. Daher wird die Kirche mehr als je zuvor als das Symbol der nationalen Einheit betrachtet sowie als Kristallisationspunkt, um den sich das ganze Leben der Gemeinschaft dreht, woraus es hervorgeht und worin es mündet, vor allem in der Diaspora. Die Armenische Kirche ist aufgerufen, den inneren Zusammenhalt der Nation zu sichern und als Brücke zwischen Armenien und der Diaspora zu dienen sowie unter den Gemeinschaften in der Diaspora.

Die Führungsrolle der Kirche

Das missionarische Selbstverständnis und Engagement der Armenischen Kirche wurden stark von der Geschichte ihres Volkes beeinflusst. Nach einer kurzen Zeit missionarischer Bestrebungen nach außen gleich zu Beginn der Bekehrung Armeniens zum Christentum konzentrierte die Kirche ihre Sendung vor allem auf das interne nationale Leben des Volkes. Die Mission *ad intra* ersetzte fast gänzlich die Mission *ad extra* aufgrund der großen Krisen und Umwälzungen, denen sich die Nation ausgesetzt sah. In Zeiten gesellschaftspolitischer Bedrängnis war die Kirche die Quelle der Hoffnung; in Zeiten militärischer Konfrontation fand das Volk Zuflucht in der Kirche; und in Zeiten der Unsicherheit wandte sich das Volk auf der Suche nach Halt, Orientierung und Sicherheit an die Kirche. So organisierte sich das kulturelle, soziale, religiöse und politische Leben der Nation nach dem Fall des armenischen Königreiches in Kilikien im Jahr 1375 um ihre einzige zentrale Institution, nämlich die Kirche.

In Zeiten ohne politische Autorität betrachteten das armenische Volk und auch fremde Mächte die Armenische Kirche als Führerin der Nation. Obwohl das zaristische Russland der Kirche ein enges Korsett anlegte, betrachtete es sie als Vertreterin des armenischen Volkes. Während sie brutal über Ostarmenien und Kilikien herrschten, erkannten die osmanischen Behörden die Kirche als einzige legitime Vertreterin der Gemeinschaft an und gewährten ihr die Macht und Verantwortung, über das interne Leben der Gemeinschaft zu bestimmen. Nach dem Genozid wurde die Rolle der Kirche als Führerin noch stärker und zentraler, sowohl für die Gemeinschaften in der Diaspora als auch in den Augen der auswärtigen Mächte.

In der frühen Periode der Diaspora schwächte die zentrale Rolle der Kirche im nationalen Leben ihren nach innen gerichteten evangelisierenden Auftrag. Zur gleichen Zeit versuchten zivilgesellschaftliche Organisationen in den armenischen Gemeinschaften, die Kirche an den Rand des Gemeinschaftslebens zu drängen oder die Oberhand in kirchlichen Angelegenheiten zu gewinnen. Die Armenische Kirche hatte diese Art Einmischung durch armenische Herrschern während ihrer ganzen Geschichte erfahren, vor allem als die nationale Rolle der Kirche überwog. In der Diaspora bildet die Kirche heute den Mittelpunkt der Gemeinschaft; sie leistet einen großen Beitrag zu den verschiedenen Bereichen des Gemeinschaftslebens, während sie zugleich ihre volle Aufmerksamkeit auf ihr nach innen gerichtetes Apostolat lenkt. In der Tat ist das Ausbalancieren dieser beiden Dimensionen der Rolle der Kirche oft schwierig. In Armenien ist die Situation jedoch ganz anders.

Beziehungen zwischen Kirche und Staat

Die Armenische Kirche ist *de facto* von ihren Urspüngen her eine Staatskirche, da nämlich König Trdat Armenien zur christlichen Nation erklärte. Danach wurde die Beziehung zwischen Kirche, Staat und Nation ein hervorstechendes Merkmal des armenischen Lebens. Die armenischen Könige und Prinzen betrachteten sich als Verteidiger des Glaubens, und die Kirche nahm eine starke nationale Rolle ein, indem eine voneinander abhängige Beziehung zwischen der Kirche und den politischen Autoritäten geschaffen wurde. Als das Katholikossat seinen Sitz verlagerte, um dem Wechsel des Standorts der politischen Behörden zu folgen, kam es zu einer noch engeren Partnerschaft, die sowohl der Kirche als auch dem Staat nützte. Andererseits bot dieses kirchlich-staatliche Zusammenleben den Regierungsbehörden oft Raum und Möglichkeit, sich in interne kirchliche Angelegenheiten einzumischen, einschließlich der Wahl von Diözesanbischöfen und sogar der Katholikoi. Manchmal sah sich die Kirche gezwungen, den von den staatlichen Behörden getroffenen Arrangements zu folgen; zu anderen Zeiten übte die Kirche Kritik am Staat oder schwieg einfach.

Heute ist die Armenische Kirche in Armenien eine nationale Kirche mit besonderen Privilegien. Gleichzeitig schützt die Verfassung aber auch die Religionsfreiheit. Diese beiden Herangehensweisen im Blick auf die Religion schaffen möglicherweise Spannungen und werfen kritische Fragen auf, wenn sie in ihrer Umsetzung nicht deutlich interpretiert und richtig beachtet werden. Obwohl es offiziell eine Trennung zwischen Staat und Kirche in Armenien gibt, kann der Status der Kirche als Nationalkirche zu prekären Situationen führen, wenn es darum geht, die Agenda des Staates zu unterstützen oder sich ihr entgegenzustellen. In einer kleinen und noch etwas wackeligen Republik, die sich großen Herausforderungen und akuten Problemen gegenübersieht, sollte die Rolle der Armenischen Kirche grundlegend prophetisch sein, und man sollte vermeiden, eine Atmosphäre der Konfrontation oder Polarisierung zu schaffen. Diese prophetische Rolle, die vom ekklesiologischen und missiologischen Selbstverständnis sowie der Berufung der Kirche ausgeht, zwingt die Armenische Kirche, jede Art von Kompromiss abzulehnen, der die Stabilität des Landes gefährden und die Rechte und Interessen des Volkes bedrohen könnte; sie zwingt die Kirche auch dazu, mutig das Wort zu ergreifen, wenn Menschen mit Problemen und Krisen konfrontiert werden, die ihr Leben beeinflussen, sich allen Arten von Strukturen, Ideologien und Regierungsführung zu widersetzen, die Korruption und Ungerechtigkeit erzeugen, sich für eine gesunde Gesellschaft einzusetzen, die von ethischen und geistigen Werten aufrechterhalten und auf der Grundlage von gleichen Rechten, Gerechtigkeit sowie Respekt gegenüber der Menschenwürde gelenkt wird. Auf diese Weise kann die Armenische Kirche ihre moralische Integrität bewahren, ihre Autorität stärken und ihrer gottgegebenen Berufung treu bleiben; so wird die Armenische Kirche vielleicht wirklich eine Volkskirche werden.

Denkmal für den Völkermord an den Armeniern in Bikfaya / Libanon
am Priesterseminar des Katholikossats des Großen Hauses von Kilikien,
geschaffen durch den Bildhauer Zaven Khedeshian (1965).
Foto: Gottfried W. Locher.

X. Herausforderungen und Schwerpunkte

Die globalisierte Welt mit ihrem wachsenden Pluralismus und ihren riesigen Fortschritten in Wissenschaft und Kommunikationstechnologie hat die menschliche Gesellschaft in all ihren Bereichen, Aspekten und Erscheinungsformen verändert. Auch die Kirchen sind stark von diesen radikalen Veränderungen und beispiellosen Entwicklungen betroffen. Die Armenische Kirche ist ein fester und untrennbarer Teil der globalisierten Welt und kann daher ihr christliches Zeugnis nicht erfüllen, indem sie sich auf alte Symbole und Traditionen, Normen und Formen verlässt. Vielmehr stand im Laufe ihrer Geschichte die Erneuerung auf der Agenda aller Kirchenkonzilien.

In meinem Buch *The Armenian Church Beyond the 1700th Anniversary*[1] habe ich zur Erneuerung der Armenischen Kirche aufgerufen. Heute wiederhole ich meinen Aufruf mit neuer Dringlichkeit. Der Bruch zwischen der Kirche und vor allem der Jugend weitet sich aus. Ich verstehe den Frust unserer Jugend und teile ihre Erwartungen und Hoffnungen. Daher muss sich die Armenische Kirche auf einen umfassenden Erneuerungsprozess einlassen, auf ein ernsthaftes *aggiornamento*. Denn sonst wird sie zu einem Museum alter Traditionen am Rande unseres Lebens werden.

Ich spreche nicht von einer Erneuerung, die das Alte einfach ablehnt. Wir sollten bestimmen, welche Elemente des christlichen Glaubens, welche Praktiken und Ausdrucksweisen des christlichen Lebens obsolet geworden sind, und versuchen, sie relevant und ansprechbar für das christliche Leben von heute zu machen. Der Apostel Paulus empfiehlt, dass wir *»an den Überlieferungen festhalten«* (1 Kor 11,2). Traditionen sind in der Tat wichtig; sie sichern die Kontinuität, Identität und Integrität der Kirche. Aber Traditionen werden veraltet und irrelevant, wenn sie nicht ständig

1 Aram I. Keshishian, The Armenian Church Beyond the 1700th Anniversary, Antelias 2001, 19–26.

neu bewertet, erneuert und in das Leben der Menschen aufgenommen werden. Die Armenische Kirche muss aus ihrer in sich geschlossenen Existenz und institutionellen Gefangenschaft ausbrechen und mit einer am Menschen orientierten Verbreitung des Glaubens ernsthaft die kritischen Fragen und Anliegen berücksichtigen, die das Leben ihrer Gläubigen beeinflussen.

Erneuerung sollte nicht als Reformation im engeren Sinne des Wortes verstanden werden, die sich nur mit spezifischen Aspekten der Kirche befasst. Sie muss alle Bereiche und Ausdrucksweisen der Kirche berühren. Sie muss ein aktionsorientierter, dynamischer und kreativer Reflexionsprozess sein, der den Klerus und die Menschen aus allen Schichten des Lebens beteiligt. Nur durch ein solch allumfassendes und kollektives Bestreben wird es der Armenischen Kirche gelingen, eine ernsthafte Erneuerung zu erreichen und einen Unterschied im Leben unserer Leute zu bewirken.

Eine relevante Theologie

Im Rahmen von Gottes Offenbarung ist die Theologie quasi als Verstand der Kirche gerufen, Fragen und Probleme anzusprechen, die zum Glauben der Kirche, ihrem Selbstverständnis und ihren Beziehungen zu Gesellschaft und Welt im Allgemeinen gehören. Eine authentische christliche Theologie, solange sie von den Kernwerten und grundlegenden Lehren der Kirche getragen wird, sollte relevant, kontextuell und empfänglich sein für die Realitäten ihres Kontextes. Die Theologie kann nicht als der glaubwürdige Verstand der Kirche handeln, wenn sie nicht von kritischem Denken, neuen Ansätzen und umfassenden Perspektiven begleitet wird. Es liegt eine enorme Aufgabe vor der Theologie der Armenischen Kirche:

Zuerst muss sich die armenische Theologie einer genauen Prüfung unterziehen. Es gibt entscheidende Bereiche und umstrittene Fragen, die eine eingehendere Untersuchung und analytische Studien verlangen. Sie muss eine systematische und systemische Aufarbeitung des Denkens der Armenischen Kirche in ihren vielfältigen Dimensionen und Artikulationen vornehmen.

Die Armenische Theologie sollte bestrebt sein, eine dynamische dialogische Interaktion zwischen den zentralen Themen der alten Theologie und den grundlegenden Themen der modernen Theologie zu schaffen. Die Probleme der alten Theologie und ihre Relevanz für die heutige Wirklichkeit müssen verdeutlicht werden.

Schließlich darf die armenische Theologie sich nicht in versteinerten Wahrnehmungen und eingefrorenen dogmatischen Einstellungen einsperren, die durch historische Faktoren und Überlegungen bedingt sind. Die Theologie sollte weder die Probleme der Vergangenheit ignorieren noch die Probleme der Gegenwart und den spezifischen Kontext, in dem die Begegnung zwischen Gott und seinem Volk stattfindet, unterschätzen. Die Probleme der heutigen Gesellschaften sind auch die Probleme unserer Kirche in einer Welt, in der die Globalisierung viele traditionelle Barrieren entfernt und Grenzen niedergerissen hat. Unsere Theologie muss sich mit den existentiellen und kritischen Fragen auseinandersetzen, mit denen moderne Gesellschaften konfrontiert sind, und zwar in dem Maße, wie sie sich auf das Leben, das Denken, die Spiritualität und das Zeugnis der Armenischen Kirche auswirken.

Ein dynamisches pastorales Engagement

Die institutionelle Kirche befindet sich in einer Krise. Zugehörigkeitsgefühl macht dem Glauben Platz. Christen suchen nach anderen Wegen, ihrem Glauben Ausdruck zu geben. Zu einem gewissen Grad trifft dies auch auf die Armenische Kirche zu, vor allem in westlichen Gesellschaften. Der Kirchenbesuch nimmt ab und die Kluft zwischen den Menschen und der Kirche nimmt zu. Die Armenische Kirche ist aufgerufen, die Zweckmäßigkeit ihrer pastoralen Berufung wieder zu entdecken. Um dieses Ziel zu erreichen, muss sie folgende Schritte unternehmen:

Sie muss über institutionelle Grenzen hinausgehen und sich durch am Menschen orientierte Pastoralprogramme in einer lebendigen Gemeinschaft mit den Menschen an der Basis engagieren. Ein solcher Schritt würde die Kirche zu einer existentiellen Dimension im Leben ihres Volkes werden lassen und die Menschen ermutigen und anleiten, pastorale Führung und geistige Nahrung von der Kirche zu suchen.

Sie muss auch das Selbstverständnis der Kirche als missionarische Realität wiederentdecken und neu beleben anstatt eine Struktur der Autorität und ein Ort zu sein, den Menschen aus mechanischer Gewohnheit oder sozialem Druck besuchen. In der Tat, eine Volkskirche zu sein, bedeutet doch, eine fürsorgende und dienende Kirche zu sein. Es ist nicht die Berufung der Armenischen Kirche, Schlagzeilen zu machen, sondern nach dem Beispiel des großen Hirten Christus selbst ein treuer Hirte für die ihr anvertrauten Schafe zu werden.

Schließlich muss die Armenische Kirche in allen Aspekten ihres Lebens und Zeugnisses weniger institutionell verfasst sein und mehr menschenorientiert werden. Extremer Institutionalismus kann nämlich gerade das Wesen und die Identität der Kirche als Glaubensgemeinschaft gefährden; er kann ihre diakonische Reichweite als Gemeinschaft der Liebe, Hoffnung und des Dienstes unterminieren. Die Armenische Kirche nur als »heiliges Vermächtnis« oder als »Hüterin des geistigen und nationalen Erbes« zu betrachten, ist eine Wahrnehmung, die noch in manchen Bereichen des armenischen Lebens vorherrscht, die aber herausgefordert werden muss. Die Armenische Kirche ist aufgerufen, ihre pastorale Berufung mit erneuertem Engagement wiederzuerlangen.

Ein aktives geistliches Amt

Historische Faktoren haben die Armenische Kirche zu einer machtvollen nationalen Institution werden lassen, die ihre geistige Identität und missionarische Aufgabe überschattet. Als Glaubensgemeinschaft muss das identifizierbare Bild der Kirche noch weiter geschärft, ihre kirchliche Mission neu konzentriert und ihr diakonischer Dienst wiederbelebt werden. Diese Schwerpunktverlagerung von einer nationalen zu einer geistlichen Sendung muss folgende Überlegungen beinhalten:

Die Armenische Kirche muss ihre volle Energie auf interne Evangelisation, Sozialarbeit, christliche Erziehung, theologische Ausbildung des Klerus und Gemeinschaftsbildung konzentrieren. Anliegen mit vorwiegend nationalem Charakter, wenn sie auch, vor allem in der Diaspora, integraler Bestandteil der umfassenderen Verantwortung der Kirche sind, sollten auf der Tagesordnung ihres Dienstes keinen Vorrang erhalten.

Der primäre Schwerpunkt der kirchlichen Mission muss es sein, den christlichen Glauben im Alltagsleben der Menschen zu vertiefen und das Leben der Gemeinschaft mit den Werten des Evangeliums zu nähren. Der Kommunismus in Armenien und der Säkularismus in der Diaspora haben den christlichen Glauben fast marginalisiert. Die wachsende Kultur der Globalisierung und des Säkularismus stellt die Glaubwürdigkeit und Relevanz des christlichen Glaubens infrage. Die Armenische Kirche sollte sich mit frischer Kraft auf ein neues Apostolat einlassen.

Dieses neue Apostolat, das durch eine rege Predigttätigkeit, Katechesen sowie umfassende christliche Bildung und Erziehung des Volkes in die Tat umgesetzt wird, soll ein massives Bollwerk gegen die proselytisierenden Aktivitäten von Sekten und para-kirchlichen Organisationen in Armenien und die zunehmende Dominanz von säkularen Trends und Werten in den Diaspora-Gemeinschaften errichten.

Neubestimmung der nationalen Identität der Kirche

Als Kirche des Volkes sollte die Armenische Kirche ihre menschenbasierten Strukturen und ihre menschenorientierte Sendung bewahren. Ohne ihren wichtigen Beitrag zum Aufbau der Nation zu schmälern, muss sich die Kirche auf ihre primäre Verantwortung konzentrieren, d.h. auf den geistigen und moralischen Aufbau unseres Volkes. Als Nationalkirche muss die Armenische Kirche ihren Aufruf neu werten und bestimmen, in Armenien und der Diaspora im Kontext der globalisierten und pluralistischen Gesellschaften Zeugnis abzulegen. Es ist von entscheidender Bedeutung, klar zwischen einer Nationalkirche, einer nationalistischen Kirche und einer Volkskirche zu unterscheiden. Ich möchte auch drei damit verbundene Bereiche erwähnen, in denen eine Gesamtidentifikation von Kirche und Staat grundlegende Fragen aufwirft:

Der erste Bereich ist *ekklesiologisch*. Die Kirche gehört allen, die überall an Christus glauben, unabhängig von Herkunft, Kultur und Ethnizität. Die Armenische Kirche hatte von Anbeginn nur Armenier als Mitglieder; sie war ausschließlich die Kirche der Armenier. In der Vergangenheit war das für das Überleben der Nation zwingend erforderlich und verursachte keine ekklesiologischen Bedenken für die Kirche, die in relativ geschlossenen Umgebungen lebte. Dies kennzeichnet die Situation im heutigen Armenien. In der Diaspora jedoch sind aufgrund ihrer unmittelbaren Interaktion mit anderen Kulturen, Kirchen und Religionen und durch ihre Einbindung in die wachsende zwischenkirchliche Zusammenarbeit die armenischen Gemeinschaften und die Kirche täglich mit dieser Frage konfrontiert. Die Zunahme von Mischehen hat die Kirche bereits dem Dilemma ausgesetzt, das sich durch den Konflikt zwischen ethnischen Überlegungen und ekklesiologischen Prinzipien stellt. Weder ein nationalistischer noch ein dogmatischer Ansatz wird es uns ermöglichen, dieses komplexe und sensible Problem wirksam zu lösen. Wie können wir dieses Dilemma beilegen?

Der zweite Bereich ist *politisch*. Die völlige Identifizierung der Armenischen Kirche mit der Nation hat sie zu einer partizipatorischen Gemeinschaft in ihrer Lebensweise und Entscheidungsfindung gemacht, indem sie dem Laienstand eine entscheidende Rolle zugewiesen hat. Wie kann die Kirche zu einer aktiven Teilnahme der Laien, Männer und Frauen, in kirchlichen Angelegenheiten ermutigen und sich gleichzeitig vor Versuchen schützen, die Kirche zu einem Schauplatz politischer Einflussnahmen und Interessenskonflikte zu machen? Obwohl die Kirche nicht in Politik oder Parteiaktivitäten verwickelt werden sollte, muss sie Stellung zu Fragen nehmen, die sich auf den säkularen Bereich beziehen, und muss diese Positionen mit biblischen Werten und Prinzipien begründen, während sie dabei die größten Interessen des Volkes verfolgt. Folgende Herausforderung stellt sich der Kirche: Wie kann sie Versuchen widerstehen, sich zu einer bloßen nationalen Einrichtung zu reduzieren, entweder unter staatlicher Kontrolle in Armenien oder unter dem Einfluss politischer Parteien in der Diaspora, und wie kann sie zugleich die Menschen in ihren Krisen und ihrem Kampf für soziale Gerechtigkeit begleiten? Dieses Anliegen ruft nach ernsthaften Überlegungen.

Der dritte Bereich thematisiert die *Autorität* in der Kirche. Von Anfang an hat sich die Armenische Kirche entschieden, dem Volk Autorität zu geben, ein Ansatz der vereinbar ist mit dem ekklesiologischen Grundsatz, dass die Kirche die Gemeinschaft der Menschen ist. Dieses Prinzip wurde durch konziliare Strukturen und Prozesse entwickelt und ausgedrückt. Heute liegt die kirchliche Verwaltung, vor allem in der Diaspora, zumeist in den Händen der Laien; der Klerus befasst sich vor allem mit liturgischen, theologischen und pastoralen Angelegenheiten. Da es Unklarheiten im Blick auf Ort, Wesen und Praxis der Autorität in der Kirche gibt, ist es wichtig, folgende Punkte zu berücksichtigen:

1) Klerus und Laien im Rahmen der Kirchenleitung voneinander zu trennen, ist nicht vereinbar mit dem ekklesiologischen Selbstverständnis der Armenischen Kirche sowie ihrer geschichtlichen Erfahrung. Die Unverwechselbarkeit und Komplementarität der Stellung und der jeweiligen Rolle des Klerus und der Laien in der Kirche muss weiter geklärt und neu bestätigt werden.

2) Autorität ist für die Einheit und Disziplin in der Kirche unerlässlich. Jedoch sollte kein Modell einer einzelnen Autorität, autokratisch, kleruszentriert, laienzentriert, zentralisiert, dezentralisiert oder menschenzentriert als ideal angesehen werden. Wir müssen ein Modell und eine Praxis der Autorität entwickeln, die integrativ, ganzheitlich und menschenorientiert ist, in der die Wechselbeziehung zwischen Primat, Kollegialität und *consensus*

fidelium kohärent miteinander verflochten, klar unterschieden und konkret artikuliert ist.

3) Es besteht ein Mangel an Klarheit über die Rolle und Funktion der Kanones als auch der Statuten in der Kirche und wie sie umgesetzt werden sollten. Die Kirche organisiert ihr internes Leben und Amt auf der Grundlage des Kirchenrechts. Die jahrhundertealten kanonischen Gesetze der Armenischen Kirche, die im 8. Jahrhundert kompiliert und im 13. Jahrhundert überarbeitet wurden, sollten im Blick auf die neuen Bedingungen des modernen Lebens revidiert werden. Da die Armenische Kirche eine komplexe institutionelle Struktur besitzt, die vier hierarchische Sitze mit unterschiedlichen historischen Prozessen, Erfahrungen, funktionalen Gremien und konziliaren Verfahren umfasst, und weil diese Sitze unter verschiedenen politisch-religiösen Bedingungen leben, wäre es schwierig und vielleicht unrealistisch, Statuten oder eine Verfassung für die gesamte Kirche zu schaffen. Der Heilige Stuhl von Etschmiadsin ist dabei, Statuten vorzubereiten. Der Heilige Stuhl von Kilikien hat bereits seine eigenen Statuten. Auch die beiden Patriarchate haben ihr konziliares und administratives Leben gemäß ihren eigenen Statuten organisiert. Es ist von entscheidender Bedeutung, eine Harmonie zwischen diesen Statuten zu schaffen, indem Besonderheiten respektiert und Gemeinsamkeiten bekräftigt werden. Wie jede Kirche bringt auch die Armenische Kirche ihre Einheit durch ihren Glauben, ihre Lehre, ihre Liturgie und ihr Kirchenrecht zum Ausdruck.

Erneuerung der Armenischen Kirche – eine zwingende Notwendigkeit

Die von mir erwähnten Fragen, Anliegen und Ansichten sollen künftige Diskussionen rahmen und eine Orientierung geben. Unter der aktiven Beteiligung des Klerus und der Laien sollte sich die Armenische Kirche einer umfassenden Revision und Reformation ihrer Liturgie, administrativen Strukturen und entscheidungsfindenden Richtlinien sowie einer Neukonfiguration ihrer diözesanen Netzwerke, einer Revitalisierung ihres Gemeindelebens und einer Reorganisation ihrer Arbeitskräfte unterziehen. Die Armenische Kirche darf ethische und moralische Fragen, denen die heutigen Gesellschaften ausgesetzt sind, nicht ignorieren. Sie ist aufgerufen, diese Fragen aus der Perspektive der Theologie, Medizin, Psychologie und pastoralen Verantwortung aufzugreifen; sie muss ihre Gläubigen in einem bewusstseinsbildenden Prozess durch Lehre und Predigt leiten; und sie muss Seelsorge gewährleisten, wann und wo immer notwendig.

Wir sind nicht länger eine lokale Kirche und eine homogene Gesellschaft. Wir sind jetzt eine Kirche und eine Nation ohne Grenzen. Unsere Lebensweisen werden zunehmend diversifizierter; unsere Traditionen und Werte, die weitgehend unsere nationale, kirchliche und kulturelle Identität sichern, verändern sich. In der Tat erleben wir einen Paradigmenwechsel. Globale und kontextuelle Ansätze sowie alte und neue Perspektiven stehen in Spannung zueinander. Es ist nicht länger möglich, die alte Art und Weise zu bewahren, die auf keinen Fall glaubwürdig ist, um die Integrität und Vitalität unserer Kirche zu gewährleisten. Wir dürfen unseren Ängsten nicht erlauben, uns von schöpferischen Interaktionen mit den neuen, uns umgebenden Realitäten abzuhalten. Das Christentum sollte nicht zu einem Schatz der alten Traditionen werden, die einfach zu bewahren sind; es sollte eine Lebensqualität in Christus sein, die ständig erneuert wird.

Kirche zu sein inmitten der Komplexität der Welt ist eine Herausforderung. Die Armenische Kirche muss diese Herausforderung sehr ernst nehmen und auf den Imperativ der Erneuerung mutig und verantwortungsvoll reagieren.

Anhänge

A. Karte des Christentums*

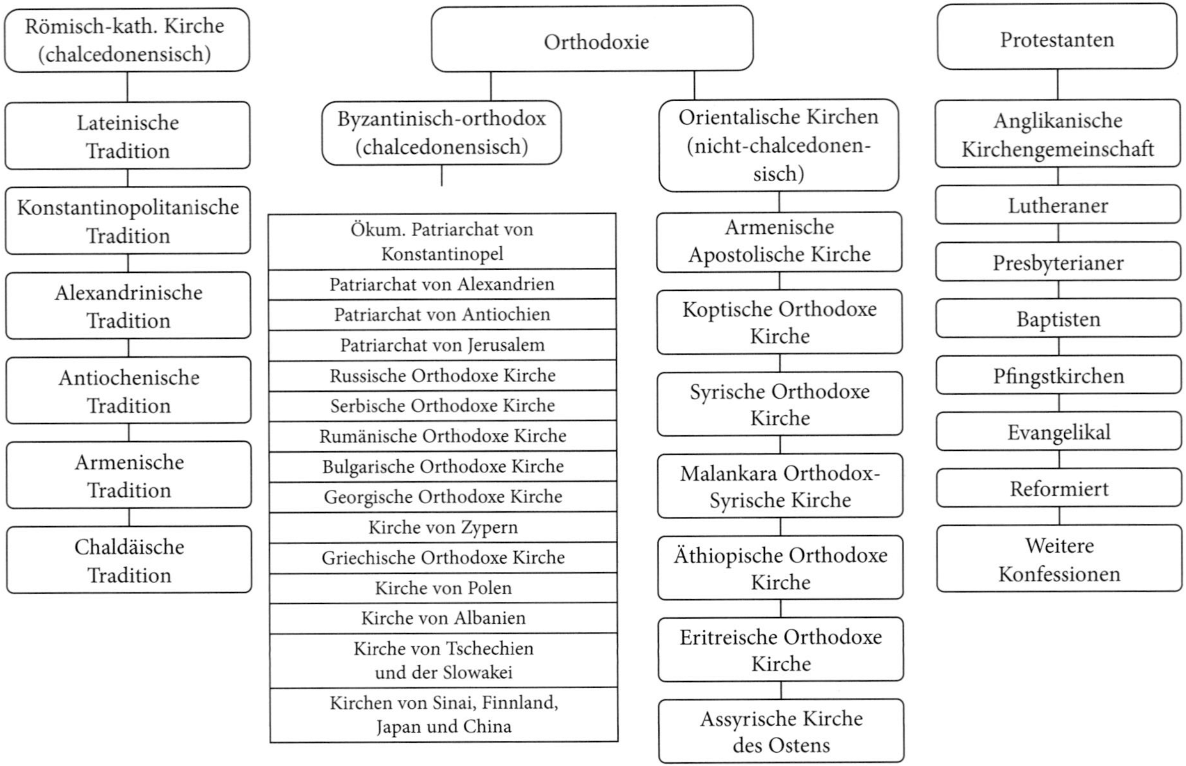

* Geringfügig redaktionell überarbeitet

B. Transliterationssystem

Armenisches Alphabet	Transliteration	Aussprache
Ա – ա	a	a
Բ – բ	b	b
Գ – գ	g	g
Դ – դ	d	d
Ե – ե	e	e
Զ – զ	z	z
Է – է	ē	ē
Ը – ը	ə	ə
Թ – թ	t‘	t^h
Ժ – ժ	ž	z^h
Ի – ի	i	i
Լ – լ	l	l
Խ – խ	x	kh
Ծ – ծ	c	ts
Կ – կ	k	k
Հ – հ	h	h
Ձ – ձ	j	tz
Ղ – ղ	ł	gh
Ճ – ճ	č	dj
Մ – մ	m	m
Յ – յ	Y	h/y
Ն – ն	n	n
Շ – շ	š	sch
Ո – ո	o	wo/o
Չ – չ	č‘	tsch
Պ – պ	p	p
Ջ – ջ	j	j

Ռ – ռ	ṙ	ṙ
Ս – ս	s	s
Վ – վ	v	v
Տ – տ	t	t
Ր – ր	r	r
Ց – ց	c‘	ts
Ւ – ւ	w	w/ü
Փ – փ	p‘	ph
Ք – ք	k‘	k^h
Օ – օ	ō	o
Ֆ – ֆ	f	f

Եւ – եւ	ew	ew
Ու – ու	u/ow	u
Իւ – իւ	iu/iw	ü

C. Strukturen zur Entscheidungsfindung

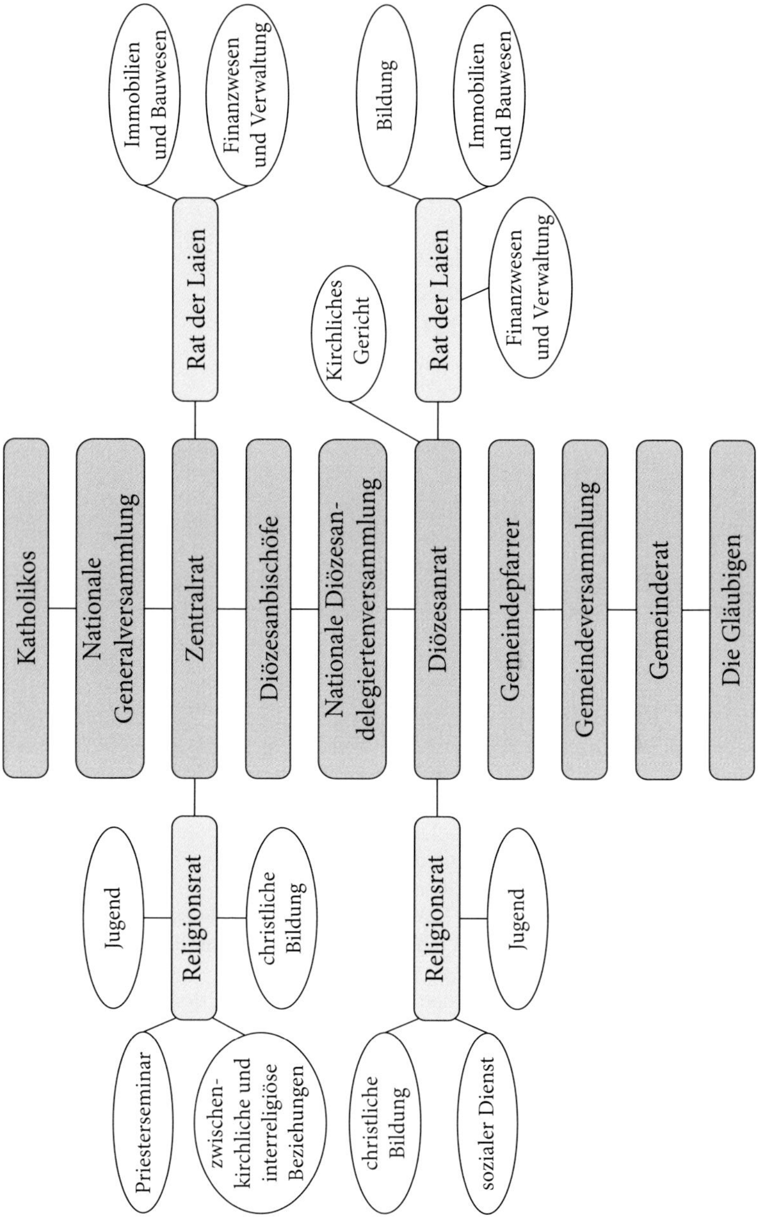

D. Die Sitze der Katholikossate[1]

Artaz, Armenien (43–300)
Hl. Etschmiadsin, Armenien (302–485)
Dvin, Armenien (485–927)
Joravank', Armenien (927–930)
Ałt'amar, Armenien (931–949)
Argina, Armenien (949–992)
Ani, Armenien (992–1062)
Sebastia, bei Kilikien (1051–1057)
T'awblur, Kilikien (1062–1072)
Camndav, Kilikien (1071–1116)
Šoułr (Sev Ler), Kilikien (1105–1120)
Covk', Kilikien (1116–1147)
Hṙomkla, Kilikien (1147–1293)
Sis, Kilikien (1293–)

[1] Zur Vorbereitung dieser Listen wurden folgende Quellen konsultiert: Małak'ia Ōrmanian, Azgapatum (dt.: Nationalgeschichte), 3 Bde., Antelias 2001; Ararad (1899), Dec., 493–495; Babkēn Giulesserian, Patmut'iun Kat'ołikosac' Kilikioy (dt.: Geschichte der Katholikoi von Kilikien), Antelias 1990; Seta B. Dadoyan, The Armenian Catholicosate of Cilicia. History, Mission, Treasures, Antelias 2015; Amine J. Iskandar, La Nouvelle Cilicie. Les Arméniens du Liban, Antelias 1999.
Es gibt kurze Perioden von Vakanzen in der Nachfolge der Katholikoi sowie Differenzen von einigen Jahren unter den Originalquellen bei der Festlegung der Daten der Amtszeit der Katholikoi.
Einige Unstimmigkeiten in den Daten der Änderung des Sitzes des Katholikossats sind darauf zurückzuführen, dass in der Zeit von 992 (Ani) bis 1147 (Hṙomkla) die Residenz des Katholikos häufig wechselte und die Katholikoi dazu gezwungen wurden, ins Exil zu gehen oder aus politischen und persönlichen Gründen manchmal außerhalb ihres offiziellen Sitzes zu residieren.

1441

Hl. Etschmiadsin, Armenien Katholikossat Aller Armenier oder Heiliger Sitz von Etschmiadsin	**Sis, Kilikien** Katholikossat des Großen Hauses von Kilikien oder Heiliger Sitz von Kilikien
	Sis, Kilikien (–1921) Jerusalem, Damaskus, Aleppo, Zypern (1921–1930) Antelias, Libanon (1930)

E. Liste der Oberhäupter (Katholikoi) *der Armenischen Apostolischen Kirche*

I. St. Thaddäus der Apostel (43–66)
II. St. Bartholomäus der Apostel (60–68)
III. Zacharias (68–72)
IV. Zementus (72–76)
V. Atrnerseh (77–92)
VI. Mušē (93–123)
VII. Šahēn (124–150)
VIII. Šavarš (151–171)
IX. Leontios (172–190)
X. Meružan (240–270)

1. St. Gregor der Erleuchter, der Parther (302–325)
2. St. Aristakēs I. der Parther (325–333)
3. St. Vartanēs I. der Parther (333–341)
4. St. Husik I. der Parther (341–347)
5. P‘aṙēn I. Aštišatec‘i (348–352)
6. Nersēs I. der Parther (353–373)
7. Šahak I. Manazkertac‘i (373–377)
8. Zavēn I. Manazkertac‘i (377–381)
9. Aspurakēs I. Manazkertac‘i (381–386)
10. St. Sahak I. der Parther (387–436)
11. St. Yovsēp I. Hołoc‘mec‘i (437–452)
12. Melitus I. Manazkertac‘i (452–456)
13. Mosēs I. Manazkertac‘i (456–461)
14. St. Giut I. Arahezac‘i – Votmsec‘i (461–478)
15. St. Yovhannēs I. Mandakuni (478–490)
16. Papkēn I. Vot‘mseci (490–516)
17. Samuēl I. Arckec‘i (516–526)
18. Mušē I. Aylaberec‘i (526–534)
19. Sahak II. Ułkec‘i (534–539)
20. Christap‘or I. Diraṙijc‘i (539–545)
21. Łevond I. Eṙastec‘i (545–548)
22. Narsēs II. Pagrevantac‘i (548–557)

23. Yovhannēs II. Gabełian (557–574)
24. Movsēs II. Ełivardec'i (574–604)
25. Abraham I. Ałpat'anec'i (604–615)
26. Komitas I. Ałc'ec'i (615–628)
27. K'ristap'or II. Apahuni (628–630)
28. Ezr I. Pařažnakertac'i (630–641)
29. Narsēs III. Išxanc'i (641–661)
30. Anastas I. Akořec'i (661–667)
31. Israel I. Vot'msec'i (667–677)
32. Sahak III. Jorap'orec'i (677–703)
33. Ełia I. Arčiec'i (703–717)
34. Yovhannēs III. der Philosoph (Ōjnec'i) (717–728)
35. David I. Aramonec'i (728–741)
36. Trdat I. Otmsec'i (741–764)
37. Trdat II. Dasnavorec'i (764–767)
38. Sion I. Bavonec'i (767–775)
39. Esayi I. Jełipatrušec'i (775–788)
40. Stepanos I. Dvnec'i (788–790)
41. Yovab I. Dvnec'i (790–791)
42. Sołomon I. Gařnec'i (791–792)
43. Gēorg I. Biurakanc'i (792–795)
44. Yovsēp' II. P'arpec'i (795–806)
45. David II. Kakałec'i (806–833)
46. Yohvhannēs IV. Ovayec'i (833–855)
47. Zak'aria I. Jagec'i (855–876)
48. Gēorg II. Gařnec'i (877–897)
49. Maštoc' I. Ełivardetc'i (897–898)
50. Yovhannēs V. Drasxanakertc'i, der Historiker (898–929)
51. Step'anos II. Ṙštuni (929–930)
52. T'ēodoros I. Ṙštuni (930–941)
53. Ełiše I. Ṙštuni (941–946)
54. Anania I. Mokac'i (946–968)
55. Vahan I. Siunec'i (968–969)
56. Step'anos III. Sevanc'i (969–972)
57. Xač'ik I. Aršarunec'i (973–992)
58. Sargis I. Sevanc'i (992–1019)

59. Petros I. Getadarj (1019–1058)
60. Xač‘ik II. Anec‘i (1058–1065)
61. Gregor II. Vkayasēr (1066–1105)
62. Barseł I. Anec‘i (1105–1113)
63. Gregor III. Pahlawuni (1113–1166)
64. St. Nersēs IV. Šnorhali (1166–1173)
65. Gregor IV. Tłay, »das Kind« (1173–1193)
66. Gregor V. K‘aravež (1193–1194)
67. Gregor VI. Apirat (1194–1203)
68. Yovhannēs VI. S[ə]sec‘i (1203–1221)
69. Konstantin I. Barjraberdc‘i (1221–1267)
70. Yakob I. Klayec‘i (1268–1286)
71. Konstantin II. Katukec‘i (1286–1289)
72. Stephan IV. Hṙomklayec‘i (1290–1293)
73. Gregor VII. Anavarzec‘i (1293–1307)
74. Konstantin III. Kesarac‘i (1307–1322)
75. Konstantin IV. Lambronac‘i (1323–1326)
76. Yakob II. Anavarzec‘i (1327–1341), rehabilitiert (1355–1359)
77. Mxit‘ar I. Gṙnerc‘i (1341–1355)
78. Mesrop I. Artazec‘i (1359–1372)
79. Konstandin V. S[ə]sec‘i (1372–1374)
80. Połos I. S[ə]sec‘i (1374–1382)
81. T‘ēodoros II. Kilikec‘i (1382–1392)
82. Karapet I. Kełec‘i (1393–1404)
83. Yakob III. S[ə]sec‘i (1404–1411)
84. Gregor VIII. Xanjołat (1411–1418)
85. Połos II. Gaṙnec‘i (1418–1430)
86. Konstantin VI. Vahkac‘i (1430–1439)
87. Gregor IX. Musabekianc‘ (1439–1446)

Die Periode nach 1441

Die Katholikoi im Hl. Etschmiadsin, Armenien		Die Katholikoi in Sis, Kilikien	
88.	Kirakos Virapecʿi (1441–1443)	87.	Gregor IX. Musabēkiancʿ (1439–1446)
89.	Grigor X. Jalalbēkian (1443–1465)	88.	Karapet I. Evdokiacʿi (1446–1478)
90.	Aristakēs II. Atoṙakal (1465–1469)	89.	Stepʿanos I. Sarajorecʿi (1478–1488)
91.	Sargis II. Ajatar (1469–1474)	90.	Yovhannēs I. Antiokʿacʿi (1488–1489)
92.	Yovhannēs VII. Ajakir (1474–1484)	91.	Yovhannēs II. Tulkurancʿi (1489–1525)
93.	Sargis III. Miusayl (1484–1515)	92.	Yovhannēs III. Kʿiliscʿi (1525–1539)
94.	Zakʿaria II. Vałarschapatecʿi (1515–1520)	93.	Simēon I. Zēituncʿi (1539–1545)
95.	Sargis IV. Vrastancʿi (1520–1536)	94.	Łazar I. Zēituncʿi (1545–1547)
96.	Gregor XI. Biuzandacʿi (1536–1545)	95.	Toros I. S[ə]secʿi (1548–1550)
97.	Stepʿanos V. Salmastecʿi (1545–1567)	96.	Xhačʿatur I. Čʿorik (1550–1560)
98.	Mikʿayēl I. Sebastacʿi (1567–1576)	97.	Xhačʿatur II. Zēituncʿi (1560–1584)
99.	Gregor XII. Vałarschapatecʿi (1576–1590)	98.	Azaria I. J̌ułaecʿi (1584–1601)

Die Katholikoi im Hl. Etschmiadsin, Armenien	Die Katholikoi in Sis, Kilikien
100. David IV. Vałarschapatec'i (1590–1629)	99. Yovhannēs IV. Aïntabc'i (1601–1621)
101. Movsēs III. Tat'ewac'i (1629–1632)	100. Petros I. Karkařec'i (Koadjutor) (1601–1608)
102. P'ilippos I. Ałbakec'i (1633–1655)	101. Minas I. S[ə]sec'i-Gařnerc'i (1621–1632)
103. Yakob IV. J̌ułayec'i (1655–1680)	102. Simēon II. Sebastac'i (1633–1648)
104. Ełiazar I. Ayntapc'i (1681–1691)	103. Nersēs V. Sebastac'i (1648–1654)
105. Nahapet I. Edesac'i (1691–1705)	104. Toros II. Sebastac'i (1654–1657)
106. Alexander I. J̌ułayec'i (1706–1714)	105. Xač'atour III. Gałatac'i (1657–1674)
107. Astvacatur I. Hamatanc'i (1715–1725)	106. Sahak I. K'ilisc'i (1674–1683)
108. Karapet II. Ulnec'i (1725–1729)	107. Azaria II. Karkařec'i (1683–1686)
109. Abraham II. Xošapec'i (1730–1734)	108. Grigor II. Adanac'i (1686–1693)
110. Abraham III. Kretac'i (1734–1737)	109. Astvacatour I. Sassunc'i (1693–1694)
111. Łazar Jahkec'i (1737–1751)	110. Matt'ēos Kesarac'i (1694–1705)
112. Minas I. Aknec'i (1751–1753)	111. Yovhannēs V. Hačənc'i (1705–1721)

Die Katholikoi im Hl. Etschmiadsin, Armenien		Die Katholikoi in Sis, Kilikien	
113.	Alexander II. Biuzandac'i (1753–1755)	112.	Petros Beriac'i – Koadjutor (1708–1710)
	Vakanz (1755–1759)	113.	Grigor III. Kesarac'i (1721/2–1733)
114.	Yakob V. Šamaxec'i (1759–1763)	114.	Yovhannes VI. Hačənc'i, Ter-Adam (1729/30–1733)
115.	Simēon I. Erewanc'i (1763–1780)	115.	Łukas I. Ajapahian S[ə]sec'i (1733–1737)
116.	Łukas I. Gařnec'i (1780–1799)	116.	Michael I. Ajapahian S[ə]sec'i (1737–1758)
117.	David V. Enegetc'i (1801–1807)	117.	Gabriēl I. Ajapahian S[ə]sec'i (1758–1770)
118.	Daniēl I. Surmařec'i (1802–1807)	118.	Ep'rem I. Ajapahian S[ə]sec'i (1771–1784)
119.	Ep'rem I. Joragetc'i (1809–1830)	119.	T'eodoros I. Ajapahian S[ə]sec'i (1784–1796)
120.	Yovhannēs VIII. Karbec'i (1831–1842)	120.	Kirakos I. Ajapahian S[ə]sec'i (1797–1822)
121.	Nersēs V. Aštarakec'i (1843–1857)	121.	Ep'rem II. Ajapahian S[ə]sec'i (1823–1831)
122.	Matthäus I. Konstand-nupolsec'i (1858–1865)	122.	Mik'aēl II. Ajapahian S[ə]sec'i (1832–1855)
123.	Gēorg IV. Konstand-nupolsec'i (1866–1882)	123.	Kirakos II. Ajapahian S[ə]sec'i (1855–1865)
124.	Makar I. Tełutc'i (1885–1891)	124.	Mkrtič' I. K'ēfsizian (1871–1894)

Die Katholikoi im Hl. Etschmiadsin, Armenien	Die Katholikoi in Sis, Kilikien
125. Mkrtič‘ I. Vanec‘i Xrimian (1892–1907)	125. Sahak II. Xapayian (1902–1939)
126. Matt‘ēos II. Izmirlian (1908–1910)	126. Babkēn I. Giulesserian (Koadjutor-Katholikos 1931–1936)
127. Gēorg V. Surenian (1911–1930)	127. Petros IV. Sarajian (1940)
128. Xoren I. Muratbēkian (1932–1938)	128. Garegin I. Yovsēp‘ian (1943–1952)
129. Gēorg VI. Č‘orekč‘ian (1945–1954)	129. Zareh I. P‘ayaslian (1956–1963)
130. Vasken I. Paljian (1954–1994)	130. Xorēn I. Baroyian (1963–1983)
131. Garegin I. Sarkissian (1995–1999)	131. Karekin II. Sarkissian (1977–1995, bis 1983 Koadjutor-Katholikos); als Karekin I. (1995–1999) Katholikos Aller Armenier in Etschmiadsin
132. Garegin II. Nersissian (1999–heute)	132. Aram I. K‘ēšišian (1995–heute)

F. Literaturverzeichnis

Das nachfolgende Literaturverzeichnis enthält eine representative Auswahl von Werken zu bestimmten Themenbereichen der Armenischen Kirche, vornehmlich in deutscher und englischer Sprache:

Allgemeine Geschichte und Kirchengeschichte

ARPEE, Leon: A History of Armenian Christianity. From the Beginning to Our Own Time. A centennial volume marking the 100. anniversary of Armenian protestantism, 1846–1946, New York 1946.

CONYBEARE, Frederick C.: The Armenian Church. Heritage and Identity, compiled by N. V. Nersessian, New York 2001.

DER-NERSESSIAN, Sirarpie: The Armenians (Ancient peoples and places; 68), London 1969.

DOWLING, Theodore E.: The Armenian Church, London 1910.

FORTESCUE, Edward F. K.: The Armenian Church founded by St. Gregory the Illuminator. Being a sketch of the history, liturgy, doctrine and ceremonies, of this ancient, national church, London 1872.

GAZER, Haçik Rafi: Die Reformbestrebungen in der Armenisch-Apostolischen Kirche im ausgehenden 19. und im ersten Drittel des 20. Jahrhunderts, Göttingen 1996.

— Die armenische Kirche in Sowjetarmenien zwischen den Weltkriegen. Anatomie einer Vernichtung (Studien zur orientalischen Kirchengeschichte; 14), Hamburg 2001.

HAGE, Wolfgang: Die Armenisch-Apostolische Kirche, in: DERS., Das orientalische Christentum (Die Religionen der Menschheit; 29/2), Stuttgart 2007, 226–262.

HEYER, Friedrich (Hg.): Die Kirche Armeniens. Eine Volkskirche zwischen Ost und West (Die Kirchen der Welt; 18), Stuttgart 1978.

HOFMANN, Tessa: Annäherung an Armenien. Geschichte und Gegenwart, München [3]2018.

— Die Armenier. Schicksal, Kultur, Geschichte, Nürnberg 1993.

KAUFHOLD, Hubert: Kleines Lexikon des Christlichen Orients, 2. Auflage des Kleinen Wörterbuches des Christlichen Orients, Wiesbaden 2007.

KRIKORIAN, Mesrob K.: Die Armenische Kirche. Materialien zur armenischen Geschichte, Theologie und Kultur, Frankfurt a. M. [2]2007.

MÉCÉRIAN, Jean: Histoire et institutions de l'Église Arménienne. Évolution nationale et doctrinale, spiritualité, monachisme (Recherches; 30), Beirut 1965, ²1998.

MERTEN, Kai: Untereinander, nicht nebeneinander. Das Zusammenleben religiöser und kultureller Gruppen im Osmanischen Reich des 19. Jahrhunderts (Marburger religionsgeschichtliche Beiträge; 6), Berlin 2014.

NERSOYAN, Hagop: A history of the Armenian Church with thirty-five stories, New York 1963, ²2006.

NERSOYAN, Tiran: Armenian Church Historical Studies. Matters and doctrine and administration, New York 1996.

OELDEMANN, Johannes: Die Kirchen des christlichen Ostens. Orthodoxe, orientalische und mit Rom unierte Ostkirchen (Topos Premium), Kevealer ⁴2016.

ORMANIAN, Malachia: The Church of Armenia. Her history, doctrine, rule, discipline, liturgy, literature, and existing condition, London ²1955.

— A dictionary of the Armenian Church, New York 1984.

PAPAZIAN, Michael B.: Light from Light, New York 2006.

PHILIPSEN, Christian (Hg.): Levon I. – ein armenischer König im staufischen Outremer, Leitzkau 2019.

PINGGÉRA, Karl: Die Armenisch-Apostolische Kirche, in: LANGE, Christian / PINGGÉRA, Karl (Hgg.), Die altorientalischen Kirchen. Glaube und Geschichte, Darmstadt 2011.

SARKISSIAN, Karekin: The Armenian Church, in: ARBERRY, A. J. (Hg.), Religion in the Middle East. Three religions in concord and conflict, Bd. 1: Judaism and christianity, Cambridge 1976.

SULUKDJIAN, Vasken Aram: Les Arméniens à travers siècles et millénaires et l'histoire du Proche-Orient depuis l'Antiquité, 3 Bde., Jerewan 2019.

STOPKA, Krzysztof: Armenia Christiana. Armenian religious identity and the Churches of Constantinople and Rome (4th–15th century), übers. von Teresa Bałuk-Ulewiczowa (Jagiellonian Studies in History; 8), Krakau 2017.

TAMCKE, Martin (Hg.): »Dich, Ararat, vergesse ich nie!« Neue Beiträge zum Schicksal Armeniens und der Armenier (Studien zur orientalischen Kirchengeschichte; 40), Berlin 2006.

TER-MINASSIANTZ, Erwand: Die armenische Kirche in ihren Beziehungen zu den syrischen Kirchen bis zum Ende des 13. Jahrhunderts (Texte und Untersuchungen zur Geschichte der altchristlichen Literatur; 11/4), Leipzig 1904.

THIERRY, Jean-Michel: Armenien im Mittelalter. Aus dem Französischen übersetzt und für das Deutsche bearbeitet von Hermann Goltz, Regensburg 2002.

ZEKIYAN, Boghos Levon: L'Armenia e gli armeni. Polis lacerata e patria spirituale. La sfida di una sopravvivenza (Carte armene), Mailand 2001.

Die Bekehrung Armeniens zum Christentum

ESBROECK, Michel van: On the historical background of the early sources concerning the churches in the Caucasian mountains, in: The Caucasian churches. Die Kaukasischen Kirchen (Kanon; 18), Kovar 2004, 1–16 [Saint Nersess theological review 9 (2004) 5–24].

DÜMLER, Bärbel: Zwischen Professionalität und Charisma. Die Erfindung des armenischen Alphabets durch Mesrop Maštoc' nach der Vita des Koriwn, in: RYCHTEROVÁ, Pavlína, Das Charisma. Funktionen und symbolische Repräsentationen (Beiträge zu den Historischen Kulturwissenschaften; 2), Berlin 2008, 97–125.

GARSOÏAN, Nina G.: Studies on the Formation of Christian Armenia (Variorum collected studies series; 959), Farnham 2010.

KETTENHOFEN, Erich: Die Anfänge des Christentums in Armenien, in: Handes Amsorya 114 (2002) 45–104.

SEIBT, Werner (Hg.): Die Christianisierung des Kaukasus. The Christianization of Caucasus (Armenia, Georgia, Albania). Referate des Internationalen Symposions (Wien, 9.–12. Dezember 1999) (Denkschriften; 296) (Veröffentlichungen der Kommission für Byzantinistik; 9), Wien 2002.

TISDALL, William St. Clair: The Conversion of Armenia to the Christian Faith, Oxford 1897.

THOMSON, Robert W.: The Teaching of Saint Gregory. An Early Armenian Catechism, Cambridge Mass. 1970.

Armenische Literaturgeschichte und klassisch-armenische Literatur

AVAGYAN, Anahit: Die armenische Athanasius-Überlieferung. Das auf Armenisch unter dem Namen des Athanasius von Alexandrien tradierte Schrifttum (Patristische Texte und Studien; 69), Berlin / Boston 2014.

AYVAZYAN, Mekhak: Matean ołbergut'ean – das »Buch der Klagelieder«. Eine Konzeption aus der Klosterschule von Narek als eine Praktik der kulturellen Selbstverortung in dem sich transformierenden armenischen Kulturraum des 10. und 11. Jahrhunderts, Göttingen 2011.

BAUMER, Iso (Hg.): Nerses von Lambron. Die Ungeduld der Liebe. Zur Situation der christlichen Kirchen. Unter Mitarbeit von Franz Mali, Abel Manoukian, Boghos Levon Zekiyan und Thomas Kremer (Sophia; 36), Trier 2013.

Grigor Narekatsi: The Book of Sadness. Translated into English by Khachatoor Khachatoorian, Jerewan 2001.

The Heritage of Armenian literature, Bd. 1: From the oral tradition to the Golden Age, 2000; Bd. 2: From the sixth to the eighteenth century, 2002; Bd. 3: From the eighteenth century to modern times, 2005.

Hübschmann, Heinrich: Zur Geschichte Armeniens und der ersten Kriege der Araber. Aus dem Armenischen des Sebêos, Leipzig 1875.

Kéchichian, Isaac (Hg.): Grégoire de Narek. Le livre de prières (Sources chrétiennes; 78), Paris 2000.

Lauer, Max (Hg.): Des Moses von Chorene Geschichte Gross-Armeniens, Regensburg 1869.

Mahé, Annie / Mahé, Jean-Pierre (Hgg.): Paroles à Dieu de Grégoire de Narek (Les œuvres de Saint Grégoire de Narek; 1), Paris 2007.

— Trésor des fêtes. Hymnes et odes de Grégoire de Narek (Les œuvres de Saint Grégoire de Narek; 2), Paris 2014.

Maksoudian, Krikor: The Origins of the Armenian Alphabet and Literature, New York 2006.

Pétrossian, Lévon (Hg.): Grégoire de Narek. Commentaire sur le Cantique des Cantiques (Orientalia Christiana analecta; 285), Rom 2010.

Schmid, Johann Michael (Hg.): Reden und Lehren des heiligen Gregorius des Erleuchters, Regensburg 1872.

Thomson, Robert W. (Hg.): Agathangelos' History of the Armenians, Albany 1976.

— Moses Khorenats'i. History of the Armenians (Harvard Armenian texts and studies; 4), Cambridge, Mass. 1978.

Thorossian, Hiranth: Histoire de la littérature arménienne. Des origines jusqu'à nos jours; avec une carte de l'ancienne Arménie et des contrées limitrophes, Paris 1951.

Weber, Simon: Ausgewählte Schriften der armenischen Kirchenväter, Bd.:1: Eznik, Koriun, Hatschachapatum; Bd. 2: Mambre Verzanogh, Johannes Mandakuni, Elische (Bibliothek der Kirchenväter; 57–58), München 1927.

Zekiyan, Boghos Levon: La spiritualità armena. »Il libro della lamentazione« di Gregorio di Narek (La spiritualità cristiana orientale; 2), Rom 1999.

Katholikossat und Königreich der Armenier in Kilikien

Armenia, John: Armenian Cilicia. XII–XIV century. Dawn, Splendor and Twilight of a Christian Kingdom in the Near East During the Crusades, o. O. 2010.

Boase, T. S. R. (Hg.): The Cilician Kingdom of Armenia, Edinburgh 1978.

Dadoyan, Seta B.: The Armenian Catholicosate from Cilicia to Antelias. An introduction, Antelias 2003.

— The Armenian Catholicosate of Cilicia. History, Mission, Treasures, Antelias 2015.

Der-Nersessian, Sirarpie: The Kingdom of Cilician Armenia, in: Setton, K. M. (Hg.), A History of Crusades, Bd. 2, Philadelphia 1962.

Ghazarian, Jacob G.: The Armenian Kingdom Cilicia during the Crusades. The Integration of Cilician Armenians with the Latins, 1080–1393, Richmond 2000.

Goltz, Hermann / Göltz, Klaus E.: Der gerettete Schatz der Armenier aus Kilikien. Sakrale Kunst aus dem Kilikia-Museum Antelias, Libanon (Sprachen und Kulturen des christlichen Orients; 7), Wiesbaden 2000.

Hellenkemper, Hansgerd: Burgen der Kreuzritterzeit in der Grafschaft Edessa und im Königreich Kleinarmenien. Studien zur Historischen Siedlungsgeographie Südost-Kleinasiens (Geographica Historica; 1), Bonn 1976.

Hovannisian, Richard G. / Payaslian Simon (Hgg.): Armenian Cilicia (UCLA Armenian history and culture series. Historic Armenian cities and provinces; 7), Costa Mesa 2008.

Iskandar, Amine J.: La Nouvelle Cilicie. Les Arméniens du Liban (Publication du Prix litteraire Kévork Mélidinétsi; 38), Antelias 1999.

Mutafian, Claude: Le Royaume arménien de Cilicie. XIIe–XIVe siècle. Centre national de la recherche scientifique, Paris 1993.

Simonyan, Hrachik: The Destruction of Armenians in Cilicia, April 1909, Gomidas Institute 2012.

Theologie, Spiritualität und kirchliches Leben

Abrahamian, Abel: Die Grundlagen des armenischen Kirchenrechts, Zürich 1917.

Bartholomäus, Lore: In jedem Kreuz ein Lebensbaum. Aus Armeniens Erbe und Gegenwart, Köln 1987.

Baumer, Beda: Endzeit armenisch. Die Kraft der Hoffnung eines bedrängten Volkes (Christliche Meister; 35), Einsiedeln / Trier 1988.

Dum-Tragut, Jasmine / Winkler, Dietmar W. (Hgg.): Monastic Life in the Armenian Church. Glorious Past – Ecumenical Reconsideration (Orientalia – patristica – oecumenica; 14), Zürich 2018.

Findikyan, Daniel: Building Up the Body of Christ. The Treasure of the Armenian Church of Our People Today, New York 2022.

Garsoïan, Nina G.: The Paulician Heresy. A study of the origin and development of Paulicianism in Armenia and the eastern provinces of the Byzantine empire (Publications in Near and Middle East studies; 6), Paris 1967.

Heiser, Lothar: Das Glaubenszeugnis der armenischen Kirche (Sophia; 22), Trier 1983.

Kechichian, Aram I.: Orthodox Perspectives on Mission (Repr.), Oxford 1993.

Krikorian, Mesrob K.: Christology in the Liturgical Tradition of the Armenian Church, in: The Greek Orthodox Theological Review 13 (1968) 212–225.

Nersessian, Vrej: The Tondrakian Movement. Religious movements in the Armenian Church from the fourth to the tenth centuries (Princeton theological monographs; 15), Allison Park, PA 1987.

Nersoyan, Tiran: The Doctrinal Position of the Armenian Church. A paper, New York 1961.

Nersoyan, Hagop: The Christology of the Armenian Orthodox Church, Jerusalem ^{2}2001.

Prinzing, Günter: Das Lemberger Evangeliar. Eine wiederentdeckte armenische Bilderhandschrift des 12. Jahrhunderts (Sprachen und Kulturen des christlichen Orients; 2), Wiesbaden 1997.

Sarkissian, Karekin: The Doctrine of the Person of Christ in the Armenian Church, in: The Greek Orthodox Theological Review 10 (1964/1965) 108–119.

— The Council of Chalcedon and the Armenian Church, London 1965.

Talatinian, Basilio: Il monofisismo nella Chiesa armena. Storia e dottrina (Analecta; 14), Jerusalem 1980.

Ter-Mkrttschian, Karapet: Die Paulikianer im byzantinischen Kaiserreiche und verwandte ketzerische Erscheinungen in Armenien, Leipzig 1893.

Zekiyan, Boghos Levon: Riflessioni preliminari sulla spiritualità armena: una cristianità di »frontiera«. Martyria ed apertura all'oikumene, in: Orientalia Christiana Periodica 61 (1995) 333–365.

Liturgie und Kirchenmusik

ATAYAN, Robert: Armenian Neume System of Notation. Study and Analysis, England 1999.

CONYBEARE, Frederick C.: Rituale Armenorum being the administration of the sacraments and the breviary rites of the Armenian Church together with the Greek rites of baptism and epiphany, Oxford 1905.

KALOUSTIAN, S.: Saints and Sacraments of the Armenian Church, New York 1964.

KOUSHAGIAN, Torkom: Saints and Feasts of the Armenian Church, New York 1988.

MANOWKEAN, Artak: The Armenian Church Feasts, Tehran 2000.

NERSOYAN, Tiran: Divine Liturgy of the Armenian Apostolic Orthodox Church, Paris 1954.

OGHLUKIAN, Abel: The Deaconess in the Armenian Church, übersetzt von P. Cowe, New York 1994.

PIDEDJIAN, Krikor: The Music of the Armenian Church. An Historical Survey, New York 2015.

RENHART, Erich (Hg.): Armenische Liturgien. Ein Blick auf eine ferne christliche Kultur (Heiliger Dienst; 2), Graz 2001.

SARDARYAN, Diradur: Das Mysterium der Heiligen Liturgie der Armenischen Apostolischen Kirche. Armenischer Text und deutsche Übersetzung von Gabriele Winkler, Etschmiadzin 2012.

— Surb Patarag. Die Heilige Liturgie der Armenischen Apostolischen Kirche. Eine Einführung (Studien zur Orientalischen Kirchengeschichte; 51), Berlin 2017.

YARALIAN, Koorken: The Sacred Music and the Divine Liturgy of the Armenian Apostolic Church, New York 1992.

Armenisch-christliche Kunst

ARMEN Garbis: An Architecture of survival, Ottawa 1992.

AZARIAN, Levon: Armenian Khatchkars, Jerewan 1978.

DER-NERSESSIAN, Sirarpie: Armenia and the Byzantine Empire. A brief study of Armenian art and civilization, Cambridge, Mass. 1947.

DER-NERSESSIAN, Sirarpie / MEKHITARIAN, Arpag: Armenian Miniatures from Isfahan, Brüssel 1986.

DMITRIEVA, Marina (Hg.): Die Kunst der Armenier im östlichen Europa (Armenier im östlichen Europa; 2), Köln u. a. 2014.

Dümler, Bärbel: Zeichen allumfassenden Heils. Die Vielschichtigkeit des Programms armenischer Kreuzsteine unter Rückgriff auf Elemente spätantiker und byzantinischer Ikonographie, in: Bumazhnov, Dmitrij u. a. (Hgg.), Bibel, Byzanz und Christlicher Orient (FS Stephen Gerö) (Orientalia Lovaniensia Analecta; 187), Leuven 2011, 413–459.

Kochakian, Garabet: Art in the Armenian Church. Origins and Teaching, New York 1995.

Kouymjian, Dickran: The Right Hand of St. Gregory and other Armenian Arm Relics, in: Borgeaud, Philippe (Hg.), Les Objets de la memoire. Pour une approche comparatiste des reliques et de leur culte (Studia religiosa Helvetica: Jahrbuch; 10/11), Bern 2005.

Maranci, Christina: The art of Armenia. An introduction, New York 2018.

Plontke-Lüning, Annegret: Frühchristliche Architektur in Kaukasien. Die Entwicklung des christlichen Sakralbaus in Lazika, Iberien, Armenien, Albanien und den Grenzregionen vom 4. bis zum 7. Jh. (Denkschriften; 359) (Veröffentlichungen zur Byzanzforschung; 13), Wien 2007.

Surenyan, Karpis: Fortresses of the Spirit. An Essay on Armenian Architecture, Jerewan 2015.

Thierry, Jean-Michel / Donabédian, Patrick: Armenische Kunst. Mit 891 Illustrationen, darunter 186 vierfarbige Abbildungen auf Kunstdrucktafeln (Ars antiqua; 4), Freiburg i. Br. 1988.

Armenisch-georgische und armenisch-griechische Beziehungen

Adontz, Nicholas: Armenia in the Period of Justinian. The political conditions based on the Naxarar system (Armenian library; 24), Lisbon 1970.

Augé, Isabelle: Églises en dialogue. Arméniens et Byzantins dans la seconde moitié du XIIe siècle (Corpus scriptorum christianorum orientalium; 633), Leuven 2011.

Babian, Gorun: The Relations between the Armenian and Georgian Churches. According to the Armenian sources, 300–610, Antelias 2001.

Bartikian, H. M.: The Religious Diplomacy of Byzantium in Armenia during the Tenth and Eleventh Centuries, in: Kouymjian, Dickran (Hg.), Armenian Studies in memoriam Haïg Berbérian (Armenian Library of the Calouste Gulbenkian Foundation), Lisboa 1986, 55–62.

Charanis, Peter: The Armenians in the Byzantine Empire, Lisboa 1963.

Keshishian, Aram I.: St. Nerses the Gracious and Church Unity. Armeno-Greek Church relations (1165–1173), Antelias 2010.

Toumanoff, Cyril: Armenia and Georgia, in: The Cambridge Medieval History, Bd. 4: The Byzantine empire, Teilbd. 1: Byzantium and its neighbours, Cambridge 1966, 593–636.

Armenisch-muslimische Beziehungen

Chakmakjian, Hagop A.: Armenian Christology and Evangelization of Islam. A survey of the relevance of the christology of the Armenian Apostolic Church to Armenian relations with its muslim environment, Leiden 1965.

Jinbashian, Manuel M.: Church-State Relations in Armenia during the Arab Domination. From the first invasion to the time of the early 'Abbāsids (Armenian library of the Calouste Gulbenkian Foundation), Lisbon 2000.

Thomson, Robert W.: Muhammad and the Origin of Islam in Armenian Literary Tradition, in: Kouymjian, Dickran (Hg.), Armenian Studies in memoriam Haïg Berbérian (Armenian Library of the Calouste Gulbenkian Foundation), Lisboa 1986, 829–858.

Der armenische Genozid

Akçam, Taner: A Shameful Act. The Armenian Genocide and the Question of Turkish Responsibility, London 2007.

— Armenien und der Völkermord. Die Istanbuler Prozesse und die türkische Nationalbewegung, Hamburg 1996.

Albrecht, Richard: »Wer redet heute noch von der Vernichtung der Armenier?« Adolf Hitlers Geheimrede am 22. August 1939 (Genozidpolitik im 20. Jahrhundert; 3), Aachen 2007.

Becker, Anette u. a. (Hgg.): Le génocide des Arméniens. Cent ans de recherche, 1915–2015, hg. vom Conseil Scientifique International pour l'Étude du Génocide des Arméniens, Paris 2015.

Ficiciyan, Yetvart (Hg.): Der Völkermord an den Armeniern im Spiegel der deutschsprachigen Tagespresse 1912–1922. Mit einem Nachw. von Wolfgang Gust (Schriftenreihe Geschichte und Frieden; 33), Bremen 2015.

Gottschlich, Jürgen: Beihilfe zum Völkermord. Deutschlands Rolle bei der Vernichtung der Armenier, Berlin [2]2015.

Gust, Wolfgang (Hg.): Der Völkermord an den Armeniern 1915/16. Dokumente aus dem Politischen Archiv des deutschen Auswärtigen Amts, Springe 2005.

Guttstadt, Corry (Hg.): Wege ohne Heimkehr. Die Armenier, der Erste Weltkrieg und die Folgen. Eine literarische Anthologie, Berlin 2014.

HESEMANN, Michael: Völkermord an den Armeniern. Mit unveröffentlichten Dokumenten aus dem Geheimarchiv des Vatikans über das größte Verbrechen des Ersten Weltkriegs, München 2015.

HOFMANN, Tessa (Hg.): Der Völkermord an den Armeniern vor Gericht. Der Prozess Talaat Pascha, Göttingen [2]1980.

HOSFELD, Rolf (Hg.): Johannes Lepsius – eine deutsche Ausnahme. Der Völkermord an den Armeniern, Humanitarismus und Menschenrechte, Göttingen 2013.

— Tod in der Wüste. Der Völkermord an den Armeniern, München 2015.

KÉVORKIAN, Raymond: The Armenian Genocide. A Complete History, London / New York 2011.

KIESER, Hans-Lukas: Der verpasste Friede. Mission, Ethnie und Staat in den Ostprovinzen der Türkei 1839–1938, Zürich 2000.

— Der Völkermord an den Armeniern und die Shoah. The Armenian Genocide and the Shoa, Zürich [3]2014.

KREMER, Thomas: *Metz yeghern* – der Genozid an den Armeniern als das große Verbrechen zu Beginn des 20. Jahrhunderts, in: ContaCOr 17/2 (2015) 29–48.

KÜNZLER, Jakob: Im Lande des Blutes und der Tränen. Erlebnisse in Mesopotamien während des Weltkrieges (1914–1918), hg. von Hans-Lukas KIESER, Zürich [2]2004.

LANNE, Peter: Armenien. Der erste Völkermord des 20. Jahrhunderts, München 1977.

LEPSIUS Johannes: Armenien und Europa, Berlin 1896.

— Bericht über die Lage des armenischen Volkes in der Türkei, Potsdam 1916.

— Der Todesgang des armenischen Volkes. Bericht über das Schicksal des armenischen Volkes in der Türkei während des Weltkrieges, Potsdam 1919.

MANOUKIAN, Abel: Zeugen der Menschlichkeit. Der Humanitäre Einsatz der Schweiz während des Völkermordes an den Armeniern im Osmanischen Reich 1894–1923. Zum 100. Gedenkjahr des Völkermordes, Bern 2015.

TACHJIAN, Vahé (Hg.): Ottoman Armenians. Life, Culture, Society, Bd. 1, Berlin 2014.

TAMCKE, Martin: Armin T. Wegner und die Armenier. Anspruch und Wirklichkeit eines Augenzeugen, Hamburg 1996.

VOSS, Huberta von (Hg.): Porträt einer Hoffnung: Die Armenier. Lebensbilder aus aller Welt, Berlin [2]2005.

WEGNER, Armin T.: Die Austreibung des armenischen Volkes in die Wüste. Ein Lichtbildvortrag, hg. von Andreas Meier, mit einem Essay von Wolfgang Gust, Göttingen 2011.

WERFEL, Franz: Die vierzig Tage des Musa Dagh. Roman, *zahlreiche Auflagen.*

Deutschland und die Armenier:

BRAUN, Joachim: Prinz Max von Sachsen und Armenien. Eine vergessene Perspektive zur »Armenischen Frage«, in: DENNEMARCK, Bernd u. a. (Hgg.), Prinz Max von Sachsen. Menschlich – Aufrichtig – Nachhaltig (Fuldaer Hochschulschriften; 65), Würzburg 2021, 159–182.

DROST-ABGARJAN, Armenuhi u. a. (Hgg.): Armenologie in Deutschland. Beiträge zum Ersten Deutschen Armenologen-Tag (Studien zur orientalischen Kirchengeschichte; 35), Münster 2005.

FEIGEL, Uwe: Das evangelische Deutschland und Armenien. Die Armenierhilfe deutscher evangelischer Christen seit dem Ende des 19. Jahrhunderts im Kontext der deutsch-türkischen Beziehungen, Göttingen 1989.

HOFMANN, Tessa: Armenier in Berlin – Berlin und Armenien. Mit Beitr. von Doğan Akhanlı und Yelda, Berlin 2005.

KANTIAN, Raffi (Hg.): 100 Jahre Deutsch-Armenische Gesellschaft: 1914–2014. Erinnern – gedenken – gestalten, Düsseldorf 2014.

Armenische Diaspora

GANJALYAN, Tamara u. a. (Hgg.): Armenier im östlichen Europa. Eine Anthologie (Armenier im östlichen Europa; 1), Wien u. a. 2018.

— Diaspora und Imperium. Armenier im vorrevolutionären Russland (17. bis 19. Jahrhundert) (Armenier im östlichen Europa; 4), Köln u. a. 2016.

SIEKIERSKI, Konrad / TROEBST, Stefan (Hgg.): Armenians in Post-Socialist Europe (Armenier im östlichen Europa; 3), Köln u. a. 2016.

Ökumenische Bewegung

A Journey of Faith, Hope and Vision. The Ecumenical Journey of His Holiness Aram I. A publication of the Ecumenical Relations Committee, Armenian Catholicosate of Cilicia, Antelias 2010.

CHAILLOT, Christine / BELOPOPSKY, Alexander: Towards Unity. The Theological Dialogue between the Orthodox Church and the Oriental Orthodox Churches, Geneva 1998.

Christology: Agreed Statement, Anglican-Oriental Orthodox International Commission, London 2015.

KESHISHIAN, Aram I.: The Christian Witness at the Crossroads in the Middle East, Antelias 1981, ^{4}2005.

— Conciliar Fellowship. A Common Goal, Antelias 1992, ^{2}1996.

— Orthodox Perspectives on Mission, Oxford 1993.
— In search of ecumenical vision, Antelias 2000, [3]2002.
— Pour un monde transformé, Antelias 2008, [2]2009.
— Issues and Perspectives, Antelias 2014.

G. Werke des Autors

- Nersēs der Begnadete: Theologe und Ökumeniker, Antelias 1974 (arm.)
- The Witness of the Armenian Church in a Diaspora Situation, New York 1978 (engl.)
- Das wahre Profil der Armenischen Kirche, Antelias 1979 (arm.)
- Mit dem Willen zum Wiederaufbau, Beirut 1983 (arm.)
- Mit dem Volk, Beirut 1989 (arm.)
- Conciliar Fellowship: A Common Goal, Geneva 1991 (engl.)
- Orthodox Perspectives on Mission, Oxford 1992 (engl.)
- Auf dem Weg zum 1700-jährigen Jubiläum der Christianisierung Armeniens, Antelias 1996 (arm.)
- The Challenge to be a Church in a Changing World, New York 1997 (engl.)
- Jesus Christus: der Sohn Gottes – der Menschensohn, Antelias 1999 (arm.)
- Kirche, Nation und Heimatland, Antelias 1999 (arm.)
- In Search of Ecumenical Vision, Antelias 2000 (engl.)
- L'Église face aux Grands Défis, Antelias 2000 (frz.)
- The Armenian Church Beyond the 1700th Anniversary, Antelias 2002 (engl.)
- Die Mission des Glaubens, Antelias 2003 (arm.)
- Justice, Paix, Réconciliation, Antelias 2003 (frz.)
- The Christian Witness at the Crossroads in the Middle East, Antelias 2004 (engl.)
- Deir ez-Zor: Nationale Pilgerstätte, Antelias 2005 (arm.)
- Die Würde des Dienens, Antelias 2005 (arm.)
- For a Church beyond its Walls, Antelias 2006 (engl.)
- Pour un Monde Transformé, Antelias 2006 (frz.)
- Leben muss durch Werte bereichert werden, Antelias 2009 (arm.)
- Dialogue with the Youth, Montreal 2009 (engl. und frz.)
- St. Nersēs the Gracious and Church Unity, Antelias 2010 (engl.)
- A Journey of Faith, Hope and Vision, Antelias 2010 (engl.)
- Taking the Church to the People, Antelias / Los Angeles 2011 (engl.)
- Issues and Perspectives, Antelias 2013 (engl.)
- Aufbruch zu neuen Horizonten, Antelias 2016 (arm.)
- Dialogue with the youth, Montreal 2009 (engl./frz.)
- A Journey of Faith: Hope and Vision, Antelias 2010 (engl.)
- Taking the church to the people, Antelias / Los Angeles 2011 (engl.)
- Issues and Perspectives, Antelias 2013 (engl.)
- The Armenian Church, Antelias 2016 (engl., frz. Übers.: 2018; russ. Übers.: 2019; arab. Übers.: 2019)

H. Register

Personen

Ortsnamen

Steinmetzarbeiten an der Fassade des Thaddäusklosters (Surb T'adēos Vank') im Nordiran, in welchem das Grab des hl. Apostels Judas Thaddäus verehrt wird.
Foto: Thomas Kremer.